Nicolai Hartmann
Die Erkenntnis im I

Nicolai Hartmann

DIE ERKENNTNIS IM LICHTE DER ONTOLOGIE

Herausgegeben von Thomas Rolf

»INTENTIO RECTA«
BAND 3

Bibliografische Information der Deutschen Nationalbibliothek: Die Deutsche Nationalbibliothek verzeichnet diese Publikation in der Deutschen Nationalbibliografie; detaillierte bibliografische Daten sind im Internet über http://dnb.dnb.de abrufbar.

Die automatisierte Analyse des Werkes, um daraus Informationen insbesondere über Muster, Trends und Korrelationen gemäß §44b UrhG („Text und Data Mining") zu gewinnen, ist untersagt.

© 2024 Thomas Rolf

Verlag:
BoD · Books on Demand GmbH, In de Tarpen 42,
22848 Norderstedt
Druck:
Libri Plureos GmbH, Friedensallee 273,
22763 Hamburg

ISBN: 978-3-7597-7866-6

INHALT

Vorbemerkung des Herausgebers..................................VII

Nicolai Hartmann:
Die Erkenntnis im Lichte der Ontologie

I	....	9
II	....	21
III	....	38
IV	....	55
V	....	74
VI	....	85
VII	....	107

Anhang:
Nicolai Hartmann – Leben und Werk (Zeittafel)

Vorbemerkung des Herausgebers

Die Schrift »Die Erkenntnis im Lichte der Ontologie« ist aus einem Vortrag hervorgegangen, den Nicolai Hartmann am 26.04.1949 in der Münchner Kant-Gesellschaft gehalten hat. In ihr fasst Hartmann seine ontologischen Überlegungen zum Erkenntnisproblem zusammen, die er bereits drei Jahrzehnte zuvor in seinem Buch »Grundzüge einer Metaphysik der Erkenntnis« (1921) auf breiterer Grundlage entfaltet hatte.

Die vorliegende Neuauflage orientiert sich an folgender Ausgabe: Nicolai Hartmann: Kleinere Schriften, Band I: Abhandlungen zur systematischen Philosophie, Berlin (Walter de Gruyter & Co.) 1955, Seite 122-180. Die Orthographie wurde behutsam modernisiert. Anmerkungen in eckigen Klammern im Haupttext und in den Fußnoten stammen von mir. Zahlen in eckigen Klammern im Haupttext verweisen auf die Seitenzahlen der oben genannten Ausgabe.

Oktober 2024
Thomas Rolf

NICOLAI HARTMANN
DIE ERKENNTNIS IM LICHTE DER ONTOLOGIE[1]

I

[122] Eng verbunden mit dem Kategorienproblem geht das Erkenntnisproblem seinen Weg durch die Geschichte. Überall, wo es um den apriorischen Einschlag der Erkenntnis geht, nähern sich die beiden Probleme einander; wo es um das aposteriorische Gegenglied geht, oder auch nur um das Wahrheitsbewußtsein und seine Kriterien, um historische Relativität der Gültigkeit sowie um Methodenfragen, klaffen sie weit auseinander. Das hat seinen einfachen Grund darin, daß alles Wissen a priori auf einem Verhältnis der Erkenntniskategorien zu den Gegenstandskategorien beruht, einerlei, was man im übrigen unter den letzteren versteht und mit welchen Erkenntnismitteln man sie zu fassen sucht.

Die reife Formel dieses Kategorienverhältnisses wurde auf dem Boden des transzendentalen Idealismus von Kant gefunden und als Identitätsthese ausgesprochen.[2] Sie wurde dann durch die spekulativen Systeme des Deutschen Idealismus völlig verdeckt und in dem lang-

---

[1] Als Vortrag in der Münchener Kantgesellschaft gehalten am 26.4.1949. Der Text ist teilweise verändert und bedeutend erweitert.
[2] [Hartmann verweist hier in einer Fußnote auf seine Arbeit »Ziele und Wege der Kategorialanalyse«. In: Kleinere Schriften, Band I: Abhandlungen zur systematischen Philosophie, Berlin 1955, 89-122, 91f.]

jährigen Kampf des Positivismus gegen die letzteren vergessen. Erst die weiseren unter den Neukantianern haben sie aus ihrer Vergessenheit wieder hervorgeholt und sie an die ihr gebührende Stelle gesetzt[3], auch sie immer noch auf idealistischen Voraussetzungen fußend und ohne die ganze Tragweite des von Kant Geleisteten erfassen zu können, denn zu ihrem vollen Sinn kommt die Identität von Erkenntnis- und Seinskategorien erst auf dem Boden der Ontologie. Erst hier gelingt es, die ganze Spannweite des Erkenntnisverhältnisses wiederzugewinnen, wie sie einst in den Theorien der Alten klar erschaut und dann von der Skepsis in ihrer Rätselhaftigkeit begriffen, wenn auch keineswegs positiv ausgeschöpft worden war.

Was es damit auf sich hat, die Erkenntnis im Lichte der Ontologie neu zu sehen und zum Problem zu machen, davon gewinnt man einen Eindruck, wenn man sich vergegenwärtigt, was für eine Umwälzung sich in ihrer Auffassung seit dem Anfang unseres Jahrhunderts vollzogen hat. An sie zu gemahnen, ist auch heute noch geboten, weil Reste der alten Auffassung bis in unsere Zeit stehen geblieben sind und sich im philosophischen [123] Schrifttum von heute immer wieder geltend machen. Es handelt sich in diesen Atavismen um gewisse Rückstände der Theorie, daß Erkennen ein »Hervorbringen« im Bewußtsein ist, ein »Bilden« der Vorstellungen und Begriffe, zum mindesten aber ein »Umbilden«, ein Prozeß, der sich synthetisch im Urteil vollzieht.

---

[3] Hermann Cohen, Kants Theorie der Erfahrung, [Berlin] 1871.

Diese Auffassung gilt ihren Vertretern als Kantisch und glaubt sich auf die Autorität der Kritik der reinen Vernunft stützen zu können. Und in der Tat finden sich bei Kant Wendungen und ganze Partien, die ihr Recht zu geben scheinen; am deutlichsten wohl in der »transzendentalen Deduktion der reinen Verstandesbegriffe« (der 2. Ausgabe), wo die Objekte geradezu erst durch die »Verstandeshandlung« der Synthesis zustandekommen sollen. Man vergißt dabei freilich, daß sich manches Gegenteilige aus derselben Kritik der reinen Vernunft anführen läßt.

Aber wie dem auch sei, jedenfalls hat sich diese Auffassung der Erkenntnis als die »transzendentale« seither festgesetzt, und eine lange Reihe schwerwiegender Folgen ist aus ihr gezogen worden. Denn keineswegs nur die eigentlich idealistischen Theorien stützen sich auf sie, sondern genau ebenso auch der Korrelativismus, der von der Unlöslichkeit der Bezogenheit von Subjekt und Objekt aufeinander ausgeht, desgleichen die Philosophie des Als Ob, die Phänomenologie Husserlscher Prägung (in den »Ideen«[4]), ja sogar der historische Relativismus des Seins und der Wahrheit. Der letztere ist gewiß sehr verschieden, je nachdem, worauf das, was wir Wahrheit nennen, relativ gesetzt wird; aber der Grundgedanke bleibt doch der, daß wir an die Gegenstände, wie sie »sind«, nicht herankommen und nichts als die wechselnden Auffassungen von ihnen zurückbehalten.

---

[4] [Hartmann referiert hier auf Edmund Husserls Schrift »Ideen zu einer reinen Phänomenologie und phänomenologischen Philosophie« (1913).]

Das läuft auf die Vernichtung alles echten Wissens hinaus. Nicht nur der Sinn des Unterschiedes von wahr und unwahr wird aufgehoben, sondern auch der eigentliche Sinn des Gegenstandseins, ja des Seins überhaupt. Von einem Realen, das unabhängig vom Subjekt bestände, läßt sich dann überhaupt nicht mehr sprechen. Und so steht schließlich die Erkenntnis ohne eigentlichen Gegenstand da, ist also auch gar nicht mehr das, was man ursprünglich mit ihr meinte, – Erkenntnis.

Daß hierdurch die Geisteswissenschaften bis auf ihren Wesenskern herab zerstört werden, ist wohlbekannt und oft genug ausführlich gezeigt worden. Ob man das nun als höchstes Verdienst des Relativismus preist oder als seinen Fehler rügt, macht an der Sache keinen Unterschied. Überhaupt geht es hier nicht um Werturteile über Theorien, sondern um das Erkenntnisproblem, soweit sie es in ihrer Weise berühren und zu behandeln suchen; und zwar unabhängig davon, ob sie es bewußt aufgreifen oder nur nebenbei und gleichsam ungewollt auf eine bestimmte Lösung hinausdrängen. Wichtig bleibt nur, daß ihre Resultate auf der ganzen Linie negativ bleiben und sich in gefährlicher Weise der Skepsis nähern. Wobei sie dann schließlich dem Zirkel unterliegen, dem alles rein negativistische Vorgehen verfällt: sie fallen unter ihr eigenes Gesetz der Aufhebung eindeutiger Wahrheit und heben damit sich selbst auf.

[124] Aber auch die Naturwissenschaft geht in unseren Tagen, wo sie sich vor erkenntnistheoretische Fragen gestellt sieht, ähnliche Wege. Der Positivismus geht davon aus, daß die empirischen Gegebenheiten, weil sie

in Sinnesdaten wurzeln, subjektiv sind; er sucht sie also durch ein Objektives zu ersetzen. Das Objektive findet er in der mathematischen Formel. Er entfernt sich damit von der Anschauung, macht sich unabhängig von ihr. Diesen Prozeß nennt er »Objektivierung«, und das Kriterium der Objektivität ist die Eindeutigkeit der Formel. Die so erreichte Bestimmung des Gegenstandes beruht aber auf einer sehr bestimmten Operation des Verstandes. Sie ist also relativ auf ein sehr eigenartiges und verantwortungsreiches menschliches Tun. Die Relativität freilich zeigt sich nicht überall, sondern nur an den Grenzen des Gelingens, die seinem Tun gezogen sind. Diese Grenzen aber kommen gerade im heutigen Stadium der theoretischen Physik zutage, sie zeigen sich in der Mikromechanik der atomaren Prozesse als Grenzen der »Objektivierbarkeit«. Und das hat zur Folge, daß dieser Art des Vorgehens der Gegenstand selbst relativiert auf das menschliche Tun erscheint.

Daß es sich hier in Wirklichkeit nur um das Erscheinen einer Erkennbarkeitsgrenze handelt, daß diese also gar nicht den Gegenstand selbst – also den mikrophysikalischen Vorgang als solchen –, sondern nur seine Faßbarkeit mit den Mitteln der gewohnten »Objektivierung« betrifft, ist von positivistischer Einstellung aus nicht durchschaubar. Der Physiker weiß es meist gar nicht, ein wie geläufiges Phänomen das Auftauchen von Erkennbarkeitsgrenzen auf allen Wissenschaftsgebieten ist, wie sehr es sich überall um ein vorsichtig sich herantastendes Vordringen handelt. Die meisten Wissenschaften haben es ja mit viel komplizierteren Gegenständen zu tun als er. Ja, es entgeht ihm nur zu leicht, wie sehr auch seine eigenen Gegenstände die Mittel mathematischer Fassung übersteigen. Sind doch in jeder Gleichung, die er aufstellt, die Substrate quantitativer Bestimmung etwas schon Vorausgesetztes, in der Größenbestimmung und im Größenverhältnis nicht Aufgehendes. Nicht nur Raumstrecke, zeitliche Dauer, Bewegung, Geschwindigkeit, sondern auch Kraft, Energie, Arbeit und sogar mehr modellartige Grundbegriffe wie Korpuskel, Welle, Feld, bilden solche Substrate. Und erst an ihnen ergibt die quantitative Bestimmung ein sinnvolles Bild. Gerade diese Substrate aber, und am meisten die letztgenannten, verlieren auf den in Frage stehenden Problemgebieten ihre eindeutige Bestimmtheit. Die Modelle reichen nicht zu. Setzt man das eine ein, so versagt die Ortsbestimmung; ersetzt man es durch das andere, so wird die Bewegung ungreifbar.

Das sind heute allbekannte und vielbesprochene Dinge. Der Auffassungen sind viele, aber die Ratlosigkeit ist im Grunde überall die gleiche. Kann man sich wundern, wenn der Physiker sich schließlich auf die aller physischen Gegenständlichkeit heterogene und seinen Überlegungen wesensfremde Subjektivität zurückgeworfen sieht? Hat er sich aber einmal auf sie besonnen, die er von ihren viel näheren Zugangsgebieten aus [125] nicht kennt, ist es da nicht geradezu notwendig, daß er von ihr den falschen Gebrauch macht, sie verkehrt einsetzt und den physikalischen Vorgang selbst für von ihr beeinflußt hält?

Erkenntnistheoretisch läßt sich indessen unschwer zeigen, wo der Fehler liegt. Er liegt im ersten Ausgangspunkt der positivistischen Einstellung. Der Ausgangspunkt ist die oben erwähnte Überzeugung, daß Erkenntnis in einem geistigen Bilden bestehe; und da das Bilden von einem Gegebenen anhebt, so muß es die Form des »Umbildens« haben. Setzt man nun das Gegebene dem Inhalt nach dem Mannigfaltigen der Wahrnehmung gleich, der Seinsweise nach aber dem Wirklichen – so also, wie die unweiseren Neukantianer es verstanden, – so resultiert, daß der Verstand im wissenschaftlichen Vorgehen das gegebene Wirkliche in ein mehr oder weniger Unwirkliches umgestaltet und dieses sein Tun für Erkenntnis ausgibt. Hier liegt nun greifbar das πρῶτον ψεῦδος[5] zutage. Denn dieses Vorgehen ist das genaue Gegenteil von dem, was echte Wissenschaft tut. Gerade das Wirkliche ist niemals als solches gegeben, weder durch die Sinne noch in sonst einer elementaren Erkenntnisform, die dem Tun der Wissenschaft schon vorgearbeitet hätte. Das Wirkliche vielmehr soll immer erst gefunden werden. Wäre es schon gegeben, so bedürfte es keines weiteren Eindringens und keiner wissenschaftlichen Methode mehr. »Wirklich« im strengen Sinne ist eben nur das real Seiende, und zwar unabhängig davon, ob und wie weit es erkannt, oder auch nur gegeben ist, ohne verstanden zu sein.

---

[5] [Der griechische Ausdruck πρῶτον ψεῦδος bezeichnet die erste falsche Prämisse in einer Deduktion, aus der selbst bei formal korrekter Schlussfolgerung falsche Aussagen folgen.]

Zwischen dem sinnlich Gegebenen und dem Wirklichen spannt sich die ganze lange Reihe der Erkenntnisstufen – vom anschaulichen Erleben über die mannigfachen Stadien der Erfahrung bis zur wissenschaftlich genauen Problemstellung und Problembehandlung. Diesen langen Stufengang schreitet die Erkenntnis nur selten einmal auf einem engen Teilgebiet bis zu Ende; zumeist nehmen die Rätsel, die das Gegebene aufgibt, in ihrem Fortschreiten noch zu, und hinter gelösten Problemen tauchen neue Probleme auf, die durch die Bewältigung jener erst sichtbar werden. Ja, die Erfahrung der Wissenschaft lehrt uns, daß wir immer wieder zum Gegebenen zurückkehren müssen, um es auszuschöpfen, denn die ersten Zugriffe, mit denen wir uns seiner bemächtigen, pflegen ganz unvollständig und ungenau zu sein. Es ist schon eine hohe wissenschaftliche Besinnung erforderlich, um auch nur die Phänomene als solche zureichend zu registrieren. Erst nach ihrer rechtmäßigen Erfassung und Beschreibung kann eine fruchtbare Problemstellung erfolgen; und erst von einer solchen aus kann man hoffen, Lösungen zu finden, die den Namen verdienen, und zu größerer Überschau der Zusammenhänge, der eigentlichen »Theorie« zu gelangen.

In diesen drei Hauptetappen – Phänomen, Problem, Theorie – bewegt sich alles wissenschaftliche Vordringen. Aber auch das garantiert noch nicht das Durchdringen bis zum Wirklichen. Und gerade in [126] den wichtigsten Grundproblemen bleibt die Erkenntnis bloße Annäherung an das Wirkliche. Diese Annäherung jedoch ist nicht zu unterschätzen. Wie sie in der Technik, in der Medizin, im Wirtschaftsleben zu sehr beachtlichen Resultaten geführt hat, so ist sie auch in der reinen Wissenschaft und im philosophischen Ausbau unseres Weltbildes das eigentlich Haltbare und Reelle, mit dem wir zu rechnen haben. Wie groß die unerkannten Restbestände der uns umgebenden Welt und unseres eigenen Wesens auch sein mögen, der Bruchteil des Erkannten bleibt deswegen doch auf allen Gebieten echtes Erkanntes und macht den Grundbestand aller unserer Orientierung in der Welt aus. An solcher Orientierung aber hängt praktisch wie theoretisch die Stellung des Menschen in der Welt, genau so sehr wie sein Wissen um sein eigenes Wesen; und beides verändert sich geschichtlich mit jedem Zuwachs der Erkenntnis.

Mit den letzten Überlegungen stehen wir bereits mitten in der neuen Auffassung der Erkenntnis, wie sie sich im Lichte der Ontologie darstellt. Soweit aber ist alles nur ein Vorgriff. Zur richtigen Klarstellung der Sachlage bedarf es noch eines weiteren Ausholens: weder die subjektivistische noch die relativistische, noch auch die positivistische Sehweise ist mit einer bloßen Kritik der Begriffe des geistigen Bildens, Umbildens oder Objektivierens schon erledigt. Dahinter steht eine tiefere Quelle des Irrtums, und diese ist jetzt aufzudecken.

Sieht man sich nämlich diese Begriffe näher an, so findet man, daß in ihnen nicht nur das Wesen der Erkenntnis, sondern auch das des Erkenntnisgegenstandes verfehlt ist. Auf den Gegenstand aber kommt es der Erkenntnis an, auf ihn ist sie gerichtet; er soll erfaßt werden, von ihm zeugt alle Gegebenheit, und in ihn sucht alles wissenschaftliche Verstehen einzudringen.

Wie eigentlich denken sich die in der Tradition des 19. Jahrhunderts gewachsenen Theorien den Gegenstand der Erkenntnis? Um es gleich zu sagen: sie haben ihn weitgehend mit der Vorstellung, mit dem Begriff, mit dem durch die Theorie von ihm gewonnenen Bilde verwechselt. Nicht als hätten sie bewußt ihn mit der Vorstellung gleichgesetzt, wohl aber haben sie den Grenzstrich zwischen ihm und ihr verwischt, den Unterschied verschwinden lassen. Auf diesen Unterschied aber kam alles an. Denn die Vorstellung ist im Bewußtsein, ist selbst ein Bewußtseinsgebilde und kommt selbständig, also ohne tragende Bewußtseinssphäre (die cogitatio Descartes') nicht vor; und dasselbe gilt vom Begriff und jeder sonstigen Art des Bildes, das wir uns vom Gegenstande machen. Der Gegenstand selbst dagegen besteht bewußtseinsunabhängig, und zwar nicht nur soweit er ein räumlich-materieller ist, sondern ebensosehr auch als menschlich-seelischer, personaler oder geschichtlich-geistiger Gegenstand. Einem und demselben Gegenstand – z.B. einer realen, lebenden Person mit bestimmten Charakterzügen entsprechen im erkennenden Bewußtsein der Mitlebenden unzählige, inhaltlich verschiedene Charakterbilder, je nach dem Umfang des Verständnisses und der Tiefe des Eindringens. [127] Wer hier das eine mit dem anderen verwechseln wollte, würde dem Menschen sehr unrecht tun, ihn seiner Lebenswirklichkeit berauben und ihn in die Sphäre der schwankenden Meinungen auflösen.

Das sieht, wenn man es so beim rechten Namen nennt, ungeheuer selbstverständlich aus, als lohnte es sich gar nicht, ein Wort darüber zu verlieren. Und doch, übergeht man dieses Grundphänomen mit Schweigen, stellt man es nicht ausdrücklich fest und versichert man sich nicht in aller Bewußtheit seines Bestehens, so zerfließt es einem unter den Händen, und man steht unversehens mitten im uferlosen Relativismus der Meinungen. Man verliert die Perspektive auf die Einheit und Bewußtseinsunabhängigkeit der realen Welt aus den Augen und behält nichts als die Auffassungen, Begriffe und Vorstellungen zurück. Geht man aber von diesen allein aus, so verliert man auch die eigene Stellung als in der Welt stehender Mensch aus der Sicht, und die anthropologische Auffassung des eigenen Menschenwesens wird schief.

Wie kommt es nun, daß der Begriff des Gegenstandes so verfehlt werden konnte, während doch die natürliche Einstellung vor aller Reflexion den Gegenstand eindeutig als etwas selbständig Dastehendes versteht, was unabhängig von aller Meinung und Auffassung, von Begriff und Urteil dasteht? Man kann hierauf nicht wieder antworten: weil er mit der Vorstellung verwechselt wurde. Vielmehr ist zu fragen: wie konnte er denn mit der Vorstellung verwechselt werden, wo doch das unverbildete Bewußtsein, wenn es überhaupt einmal auf die Vorstellung aufmerksam wird (was z.B. stets im Streit der Meinungen geschieht), ihn niemals mit ihr verwechselt?

Darauf ist zu antworten, daß es eine sehr alte Überlegung gibt, die das Gegenüber von Gegenstand und Vorstellung aufhebt. Sie lautet etwa so: was wissen wir denn vom Gegenstande, was nicht in unserer Vorstellung von ihm bestünde? Der Begriff, das Urteil stehen ja selbst in der Ebene der Vorstellung und sind Umbildungen der Vorstellung. Was also bleibt ihr »gegenüber«? Im Grunde ist wohl das Gegenüberstehen selbst nur ein in unserer Vorstellungsweise Bestehendes, die Unabhängigkeit des Gegenstandes von der Meinung selbst nur eine gemeinte. »Setzt« man ihn im Urteil als ansichseienden, so ist das Ansichsein ein bloß gesetztes; denkt man ihn sich als selbständiges Gebilde außer dem Bewußtsein, so ist die Selbständigkeit, und mit ihr das Außensein, ein bloß gedachtes. Dieses Argument ist der sog. »Zirkel des Denkens«.

Wo bleibt also das der Vorstellung, und überhaupt dem Bewußtsein Gegenüberstehende? Man kann auch fragen: wo ist der Gegenstand geblieben? Er ist nicht mehr zu finden. Der Zirkel des Denkens hat ihn aufgelöst. Dann aber war es ja in der Tat überflüssig, Gegenstand und Vorstellung einander gegenüberstehen zu lassen; desgleichen Gegenstand und Gedanke, Begriff, Urteil, Meinung. Darum haben Theorien, die konsequent in dieser Richtung weiterdachten, den Schluß gezogen, daß die Gegenüberstellung nichts als eine unnütze »Verdoppelung« ist. [128] Wir kennen in jedem Falle nur ein Gebilde, und nicht zwei. Man kann dieses Eine ruhig den Gegenstand nennen. Aber sinnvollerweise sprechen kann man von ihm nur als dem in der Vorstellung (Gedanken, Begriff usw.) gegebenen.

Diese Gedankengänge waren noch um die Jahrhundertwende allen philosophischen Richtungen geläufig, obwohl sie in sehr verschiedenen Wendungen auftraten. Und bei vielen von ihnen standen sie in ungebrochenem Ansehen. Erst die neu aufkommende Ontologie hat hier Bresche geschlagen, und zwar dadurch, daß sie das Erkenntnisphänomen von Grund aus neu beschreiben lernte. Die methodische Technik des Sehens und Beschreibens, die hierzu erforderlich war, lernte sie von der inzwischen arbeitsfähig gewordenen Phänomenologie, deren transzendentale Einseitigkeit sie dazu freilich erst abstreifen mußte.

II

Was eigentlich fehlte jenem »transzendentalen« Erkenntnisbegriff – denn so nannte man ihn in den neukantischen Schulen, obgleich er sich vom ursprünglichen Sinn der Transzendentalphilosophie sichtlich entfernt hatte? Es fehlte ihm die erste Grundlage, die den Sachverhalt erschöpfende Beschreibung des Erkenntnisphänomens. Es war in ihm eine Seite des Phänomens übersehen worden, und zwar eine ganz wesentliche: diese nämlich, daß Erkenntnis ein transzendenter Akt ist, ein Akt, der über die Grenzen des Bewußtseins hinausgreift.

Man kann freilich darum streiten, ob es so etwas gibt, ob das Hinausgreifen und das Erfassen seiender Gegenstände nicht Täuschung ist. Aber man muß sich darüber klar sein, daß man dann vielmehr darum streitet, ob es überhaupt Erkenntnis gibt. Und damit eben beginnt die ontologische Überlegung, daß sie, statt um solche Dinge zu streiten, mit dem »Phänomen« der Transzendenz im Erkenntnisverhältnis Ernst macht und nun umgekehrt danach fragt, was unter dem Sein des Gegenstandes zu verstehen ist, und was unter dem Erkenntnisakt selbst zu verstehen ist, sofern er auf dieses Sein hin transzendiert.

Und damit hängt es zusammen, daß sie den Zirkel des Denkens nicht einfach hinnimmt, sondern zu sprengen sucht, die Verdoppelung der inhaltlichen Gebilde nicht ablehnt, sondern zu deuten strebt, das innere »Bilden« aber nicht als Hervorbringen des Gegenstandes, sondern als einen anderen, nur die Vorstellung betreffenden Prozeß versteht, der den Gegenstand völlig unbeeinflußt läßt.

Fangen wir mit dem Zirkel des Denkens als der extremsten These an. Ist es eigentlich wahr, daß das Denken nichts als den eigenen Gedanken denkt, der Gedanke aber nichts als sich selbst faßt? Ist es nicht umgekehrt so, daß das Denken doppelte Intentionalität hat, daß es, indem es den Gedanken denkt, eben damit und durch ihn hindurch einen Gegenstand denkt, der seinerseits etwas ganz anderes, aber eben darum das Eigentliche ist, das der Gedanke meint?

[129] In der Tat, niemand denkt um des Gedankens willen. Das wäre ein unfruchtbares Denken. Sondern der Gedanke selbst ist um eines anderen willen. Und dieses andere ist das Seiende. So wenigstens ist es, wenn das Denken nicht bloßes Gedankenspiel, nicht Träumerei oder Phantasie ist, sondern reelles, in den Lebenszusammenhang eingefügtes, suchendes und findendes Denken. Und nur von diesem braucht die Rede zu sein. Der Zirkel des Denkens ignoriert dieses Grundphänomen. Ihm liegt eine undurchschaute Äquivokation zugrunde. Wir sagen »ich denke den Gedanken«, aber auch »ich denke die Sache« (etwa den Sachverhalt, das Ergebnis). Denke ich die Sache zutreffend so, wie sie ist, so koinzidiert der Gedanke inhaltlich mit ihr, und dann sind Gedanke und Sache dem Inhalte nach nicht unterscheidbar, der Seinsweise nach aber bleiben sie grundverschieden. Denn der Gedanke besteht nur in mente [im Bewusstsein], die Sache aber nach wie vor extra mentem [außerhalb des Bewusstseins]. Der Zirkel des Denkens bemerkt das nicht; er meint, die Sache sei, wenn sie gedacht werde, selbst nur Gedanke. Damit hebt er den Sinn des reellen Denkens auf und behält nichts als den Leerlauf des Gedankenspiels zurück.

Wie das Denken es macht, den Gedanken schon in der Intention zu transzendieren und zur Sache zu gelangen, ist eine Frage. Diese kann sich erst in größerem Problemzusammenhang lösen; denn nicht allein das Denken transzendiert das Bewußtsein, sondern noch viele andere Akte, die fundamentaler und tiefer im Lebenszusammenhang verwurzelt sind. Aber hier stehen wir noch nicht beim »Problem« des Denkens, sondern erst bei seinem Phänomen. Und dieses muß zuvor richtig beschrieben sein. Das Phänomen aber zeigt als ersten Grundzug die doppelte Intention. Damit ist der eherne Ring der Bewußtseinsimmanenz in ihm gesprengt.

Nun aber geht es im Erkenntnisphänomen gar nicht einmal um das Denken. Wohl gibt es erkennendes Denken, aber es gibt auch das leerlaufende Denken – das träumende, phantasierende oder konstruktive. Das Erkennen dagegen gibt es nicht leerlaufend. Erkenntnis ist immer transzendent, ihr geht es immer um den Gegenstand, wie er »ist«, nicht wie er gedacht wird, und alle ihre Zurüstungen gelten seiner Erfassung.

Der transzendenten Akte gibt es viele. Das Lieben und Hassen sind von dieser Art, denn sie gelten der realen Person, das Wollen und Handeln, denn sie intendieren etwas Reales in der realen Welt; desgleichen das Erleben und Erfahren, aber auch das Erwarten, Befürchten und Erhoffen, denn sie sind auf den realen Strom der Ereignisse gerichtet, und selbst ihre Irrtümer bleiben noch an ihn gefesselt. Die Erkenntnis – und zwar auf allen ihren Stufen, von der Wahrnehmung aufwärts bis zum Erforschen – ist nur einer unter diesen transzendenten wissenschaftlichen Akten, und keineswegs der erste oder grundlegende. Sie setzt jene anderen schon voraus, ist auf die von ihnen erschlossene umgebende Welt schon bezogen, ja sie steht in ihren Anfängen noch ganz in deren Dienst. Erst spät erlangt sie ihnen gegenüber Selbständigkeit.

[130] Aus dieser Einbettung in den größeren Aktzusammenhang, der die Verbundenheit des Menschen mit der Welt außer ihm trägt, wird es verständlich, daß die doppelte Intentionalität dem Erkennen erst recht eigentümlich ist. Und hier erst wird sie zum wesentlichen Grundmoment: immer entspricht im erkennenden Bewußtsein ein inhaltliches Gebilde dem Gegenstande außer ihm, ein Gegenbild des Gegenstandes, egal ob es ein bloßes Wahrnehmungsbild oder Vorstellung, Begriff, Urteil, Theorie oder Weltbild sein mag. Immer bleibt es ein vom Gegenstande Verschiedenes, das auf ihn zutreffen oder nicht zutreffen kann; im ersteren Falle nennen wir es wahr, im letzteren unwahr. Und schon die bloße Tatsache, daß wir im Erkenntnishaushalt Wahrheit und Unwahrheit grundsätzlich unterscheiden – wenn wir auch im Einzelfalle kein Kriterium dafür haben –, beweist zur Genüge, daß der Gegenstand dem Bewußtsein unaufhebbar gegenüber bleibt und weit entfernt ist, mit dem Erkenntnisgebilde zusammenzufallen.

Dieses Verhältnis bildet die Grundlage des ontologisch verstandenen Erkenntnisbegriffs. Man sieht von hier aus ohne weiteres, daß Erkenntnis im Grunde ein Seinsverhältnis ist, ein solches nämlich zwischen seiendem Subjekt und ebenso seiendem Objekt. In diesem Verhältnis bleibt das Objekt nicht nur dem Subjekt gegenüber selbständig, sondern auch völlig unverändert und gleichsam unberührt, während im Subjekt sich etwas verändert, ein neues Etwas entsteht: die Vorstellung, oder allgemein das Erkenntnisgebilde. Das Verhältnis wird auf diese Weise ein dreigliedriges: Subjekt

– Erkenntnisgebilde – Gegenstand. Und allem Eindringen der Erkenntnis in den Gegenstand entspricht ein inhaltlicher Zuwachs am Erkenntnisgebilde.

Damit ist zugleich auch der Gegenstandsbegriff wesentlich verschoben. Man kann ihn jetzt nicht mehr auf das Erkannte einschränken, er erstreckt sich weiter hinaus ins Unerkannte. Das bedeutet, daß er gleichgültig gegen sein Erkanntwerden dasteht, ja gleichgültig gegen die Grenzen seiner Erkennbarkeit. Darin spiegelt sich deutlich sein Seinscharakter. Aber eben durch diesen seinen Seinscharakter ist er auch schon mehr als bloßer Gegenstand.

Das kommt so heraus: der strenge Sinn des Gegenstandseins ist das »Gegenstehen« als solches. Was einem Subjekte gegensteht, bzw. von ihm zum Gegenstehen gebracht wird (objiziert wird), das wird damit zum Gegenstande (Objectum) der Erkenntnis gemacht. Denn keineswegs ist es so, daß alles Seiende von vornherein Gegenstand wäre; es besteht gemeinhin auch, ohne Objekt eines erkennenden Subjekts zu sein, d.h. ohne erkannt zu werden. Was aber erkannt wird, das wird erst damit zum Gegenstande der Erkenntnis gemacht. Das bedeutet, anders ausgedrückt: der Erkenntnisgegenstand ist von Hause aus übergegenständlich, er geht als seiender in seinem Gegenstandsein nicht auf, sondern besteht unabhängig von ihm und indifferent gegen sein eigenes Gegenstandwerden für ein Subjekt.

[131] Dieser Sachverhalt ist ausschlaggebend für die Stellung der Erkenntnis und ihres Trägers, des Menschen, in der Welt. Man kann jetzt nicht mehr Subjekt

und Objekt als korrelative Glieder verstehen. Denn die Welt, die den Inbegriff möglicher Objekte ausmacht, ist unvergleichlich älter als der Mensch; der Mensch ist, ontologisch gesehen, ein Spätprodukt dieser Welt. Erst also war das Seiende da – auch ohne erkennendes Wesen, dessen Gegenstand es hätte werden können –, und dann erst, ganz sekundär, konnte es zum Gegenstande gemacht werden. Das Gegenstandsein ist überhaupt dem Seienden als solchem äußerlich. Nur für das Subjekt ist es etwas Wesentliches. –

Eine weitere Konsequenz betrifft den Einwand der »Verdoppelung« der Welt. Im Hinblick auf das dreigliedrige Verhältnis und das unaufhebbare Gegenüber von Gegenstand und Erkenntnisgebilde hat der Einwand vollkommen recht. Er ist aber gar kein Einwand. Die Verdoppelung entspricht vielmehr sehr genau dem Phänomen, und die Theorien hatten unrecht, sie zu bestreiten; Phänomene können nicht von Theorien bestritten, sondern nur aufgegriffen und erklärt werden. Wer sie bestreitet, setzt sich ins Unrecht.

Es ist ein alter Irrtum, das Einfachste blindlings für das Wahre zu halten. Das Erkenntnisverhältnis ist eben nicht so einfach, wie die alten Bewußtseinstheorien es sich dachten. Das ist es, was überzeugend zum Vorschein kommt, wenn man es auf die Seinsweise des Gegenstandes und die des Erkenntnisgebildes hin analysiert. Denn der Gegenstand bleibt sich gleich, während die Vorstellung von ihm sich verändert, wechselt, fortschreitet. Ja, wenn man genauer zusieht, ist »Verdoppelung« noch zu wenig. Man sollte »Vervielfachung« sagen: in jedem Bewußtsein ist die Vorstellung eine andere, während der Gegenstand identisch verharrt. So steht auch in der Philosophie der einen Welt die Vielzahl der Weltbilder gegenüber; keines deckt sich ganz mit dem anderen, keines wohl auch mit der Welt selbst, wie sie ist. Aber in allen steckt doch auch ein Bruchteil echter Welterkenntnis. Was also ist dann gegen die »Verdoppelung« einzuwenden? Offenbar nichts.

Wie aber steht es mit dem »geistigen Bilden«, mit der »Synthesis«, die der Verstand vollzieht, und mit dem »Umbilden« eines gegebenen Mannigfaltigen der Sinne? Auch in diesen Begriffen steckt etwas richtig Gesehenes, ein Teilbestand des Erkenntnisphänomens, der nicht bestritten werden kann. Nur daß in diesem Falle das Phänomen für die idealistischen Theorien zu sprechen scheint. Was also fängt die ontologische Auffassung damit an?

Auf den ersten Blick könnte man meinen, hier versage nun die ontologische Sehweise. Und doch ist es gerade umgekehrt, erst hier kommt die Kantische »Synthesis« und alle an sie anknüpfende Deutung der inhaltlich aufbauenden Bewußtseinstätigkeit zu ihrem vollen Recht. Das »transzendentale« Problem der Erkenntnis wird vom ontologischen nicht verdunkelt oder auch nur zurückgeschoben, sondern im ganzen Umfange aufgegriffen und der Lösung zugeführt.

[132] Wie das zugeht, bildet ein langes Kapitel. Die Aufzeigung mannigfacher Erkenntnisoperationen, Methoden usw. gehört dazu, und auf jedem Wissensgebiet sind es andere. Aber das Grundsätzliche darin läßt sich

einfach aussprechen. Es liegt in folgender Überlegung. Die Erkenntnis ist ihrem Wesen nach ein »aufnehmender« Akt, sie bildet den Gegenstand nicht um, läßt ihn unverändert, wie er ist; ein Akt, der ihn umbilden wollte, wäre ein Handeln (Tun, Aktivität); vom Handeln aber ist die Erkenntnis radikal unterschieden, und zwar eben durch ihr rein »rezeptives« Verhalten zum Gegenstande. Diese Rezeptivität ist aber nur eine solche ihres Gesamtverhaltens, und zwar nur zum Gegenstande; die innere Spontaneität im Aufbau des Erkenntnisgebildes hebt sie keineswegs auf. Diese letztere Spontaneität ist es, von der Kant gesprochen hat: in ihr werden die Synthesen des Verstandes vollzogen, die Urteile gefällt, die Begriffe und ganze Theorien aufgebaut.

Das »geistige Bilden« gibt es also sehr wohl. Und ein »Umbilden« von ursprünglich Gegebenem, ein Zusammenfügen und Verarbeiten, ist es unbestritten in weitestem Maße. Aber »gebildet« wird nicht der Gegenstand, und auch umgebildet wird nicht er, sondern einzig die Vorstellung des Gegenstandes, und mit ihr weiter alles, was aus ihr sich entwickelt, das synthetische Urteil, der Begriff, das Weltbild, kurz alles, was in der Ebene des Erkenntnisgebildes steht und zu ihm gehört. Und weil alles dieses dem Bewußtsein angehört, und der ganze Bildungsprozeß im Bewußtsein spielt, so handelt es sich um ein rein »inneres Bilden«, das den Gegenstand selbst unberührt läßt.

Das transzendentale Problem behält auf diese Weise seine volle Berechtigung. Nur die transzendentale Lösung des Problems war irrig. Es war eine bloß standpunktliche Konsequenz Kants, wenn er die drei Stufen der Synthesis, die er folgerichtig herausarbeitete, als Synthesen des Objekts bezeichnete; ja, es war vielleicht nur eine Ungenauigkeit des Ausdrucks, denn parallel dazu bezeichnet er sie auch wieder als Synthesen der Vorstellung. Und streng genommen hatte ein transzendentaler Idealismus die Übertragung der Synthesen auf das Objekt selbst auch gar nicht nötig, weil er ja die »empirische Realität« der Objekte gar nicht anfocht.

Aber gerade diese Grenzüberschreitung der These (oder soll man sagen dieses Mißverständnis?) hat fortgewirkt und noch die neukantischen Interpreten bestimmt. Es war der Irrtum Rickerts, daß er die Umbildung auf den Gegenstand der Erkenntnis bezog, der Irrtum Natorps, daß er den geschichtlichen Werdegang der wissenschaftlichen Erkenntnis – das große »fieri« – als Entstehung des Gegenstandes selbst verstand und damit auf eine Theorie hinausgelangte, welche die Begriffsbildung der Weltentstehung gleichsetzte. Es hätte von vornherein genügt, den Werdegang und seine in der Tat sehr wunderbare synthetische Leistung als Aufbau der Vorstellungswelt, der Wissenschaft oder des Weltbildes zu verstehen. Der Spontaneität des Verstandes wäre dadurch kein Abbruch [133] geschehen, und das transzendentale Phänomen des synthetischen a priori wäre ohne Zuspitzungen und Verfälschungen zu seinem vollen Recht gekommen.

Die ganze Reihe der Schwierigkeiten, an denen die neukantischen Theorien zusammenbrachen, fallen unter ontologischem Gesichtspunkte auf einen Schlag hin.

Es hängt hier alles an dem einen Punkte: an der phänomengerechten Fassung des Erkenntnisgegenstandes als eines übergegenständlich seienden. Hat man sich einmal klargemacht, daß die Dinge, Ereignisse, Personen, oder was sonst den Gegenstand möglicher Erkenntnis ausmacht, erst sekundär zum »Gegenstehen« gebracht und dadurch in ihrem Bestande nicht verändert werden, so bleibt genügend Spielraum für die Vielfachheit der Vorstellungswelten, für Synthesis und Spontaneität und fortlaufende Umbildung. Denn alles das betrifft nur das Erkenntnisgebilde. –

Schließlich kann man von hier aus auch dem Relativismus sehr bestimmte Grenzen setzen, solche nämlich, innerhalb deren er spekulativ unschädlich wird.

Vor allem ist, gemäß den soeben getroffenen Bestimmungen, eine Grenzscheide zwischen Wahrheit und Sein zu ziehen. Die Wahrheit für relativ zu erklären, ist wenigstens eine sinnvolle These; sie auf das Seiende zu übertragen und von »Relativität des Seins« zu sprechen, ist nicht sinnvoll. Das Sein kommt ausschließlich dem Gegenstande zu, nicht dem Erkenntnisgebilde; und vom Gegenstande hat sich gezeigt, daß er gleichgültig gegen sein Erfaßtwerden dasteht, also auch gleichgültig gegen sein Verfehltwerden. Er ist eben in seinem Sein »übergegenständlich«. Genauer also muß man sagen, das Seiende als Gegenstand möglicher Erkenntnis ist gleichgültig dagegen, ob und wie weit es von einem erkennenden Subjekt zum Gegenstande gemacht wird. Es hat also keinen Sinn, die schwankenden Vorstellungen, die sich der Mensch von ihm macht, für Unterschiede seines

Bestehens oder Nichtbestehens, seines Soseins oder Nichtsoseins auszugeben.

Damit fällt alle Seinsrelativität hin. Was übrig bleibt, ist die Verschiedenheit der Vorstellungen, die wir für wahr halten. Ihr Unterschied spielt lediglich in der Ebene des Erkenntnisgebildes. An ihm variieren die inhaltlichen Momente je nach der Sehweise, der Auffassung, den Vorurteilen des Zeitalters und dem Stande der Wissenschaft. Die Welt bleibt dieselbe, und was sich in ihr wirklich verändert, richtet sich nicht nach dem Subjekt und seinen Auffassungen; was je nach der Einstellung des Subjekts sich wandelt, sind die Weltbilder. Und sofern jedes von diesen einmal für wahr gilt, kann man wohl behaupten, die Wahrheit sei relativ – auf die Sehweise, das Zeitalter oder den Stand der Wissenschaft.

Und doch ist auch diese Behauptung keineswegs haltbar. Nicht wenigstens, wenn man unter Wahrsein schlicht das Zutreffen der Vorstellung (der Meinung, des Urteils) auf die gemeinte Sache versteht. Kann denn etwa ein Urteil, das sich später als unwahr erweist, zuvor einmal wahr [134] gewesen sein? Es muß doch dann vielmehr auch früher schon unwahr gewesen sein. Nur wenn die Sache sich indessen verändert hat, könnte es zuvor wahr gewesen sein. Aber dieser Fall ist ja im Wahrheitsrelativismus gar nicht gemeint; und tatsächlich ist es dann ja auch kein Urteil über dieselbe Sache mehr, sondern über eine anders gewordene.

Dasselbe gilt von jeder Art Vorstellung oder Meinung. Erweist sich z.B. die alte Ansicht, daß die Sonne sich um die Erde bewege, eines Tages als irrig, so ist der

Sinn dieser Einsicht, daß jene Ansicht auch früher irrig war. Die Ansicht hat sich eben geändert. Und das heißt, die Vorstellung hat sich geändert. Was unwahr »ist«, muß schon immer unwahr gewesen sein, wo und wann es auch für wahr gehalten wurde; was wahr »gewesen ist«, einerlei wo und wann es geglaubt wurde, muß für alle Zeit wahr bleiben, anders kann es auch zur Zeit seiner Geltung nicht wahr gewesen sein.

In diesem allein ontologisch haltbaren Sinn von Wahrsein hat Bolzano[6] von der »Wahrheit an sich« gesprochen. Er meinte damit die völlige Unabhängigkeit des Wahrseins (und Unwahrseins) von den wechselnden Meinungen und Überzeugungen der Menschen, von ihrem Wissen oder Nichtwissen um die Wahrheit, oder – was dasselbe ist – vom Fürwahrgelten und Anerkanntsein in bestimmter Zeit. Er hatte, wenn man seine These nur recht versteht, vollkommen Recht. Es ist der Relativismus unserer Tage, der sie nicht recht verstanden hat. Und nur so konnte er das Gegenteil behaupten.

Ist man so weit, so könnte man meinen, der ganze Wahrheitsrelativismus, der so viele ernste Köpfe beschäftigt und manche zu völliger Skepsis geführt hat, sei ein ganz primitives Mißverständnis. Das wird man im Hinblick auf den großen, von hier aus entfesselten Streit

---

[6] [Bernard Bolzano (1781-1848): tschechischer Mathematiker und Philosoph. Seine philosophische Grundthese lautet, dass die Wahrheit auf sämtlichen Wissensgebieten unabhängig vom menschlichen Denken und Erkennen in einer objektiven Ordnung vorgegeben ist.]

nicht annehmen dürfen. Man muß also nach einem anderen Sinn des Relativismus suchen.

Ein solcher ergibt sich, wenn man bedenkt, daß es sich ja gar nicht um Relativität des »Wahrseins« handelt, sondern um die des Führwahrgeltens resp. unseres Wissens um Wahr und Unwahr. Denn damit freilich ist es ganz anders bestellt als mit dem Wahrsein als solchem. Man kann die zutreffende Vorstellung haben und sie doch verwerfen, weil man ihr Wahrsein nicht einsieht, und man kann die unzutreffende haben und sie für wahr halten, weil man ihr Unwahrsein nicht einsieht. Das Wissen um Wahr und Unwahr ist eben etwas vollkommen anderes als Wahrheit und Unwahrheit. Um es zu haben, müßte man ein untrügliches Anzeichen des Wahrseins haben, ein zureichendes »Kriterium der Wahrheit«. Das aber haben wir in der Tat nicht wenigstens kein absolutes, das jeden Irrtum ausschließen würde.

Hier liegt der eigentliche Sinn des Relativismus. Er wird durch den Bolzanoschen Satz in keiner Weise aufgehoben. Ja, wenn das, was wir Menschen unsere Erkenntnis nennen, deswegen auch immer gleich Erkenntnis wäre, da wären wir der Relativität überhoben. Nun aber ist es [135] einer Vorstellung, einer Meinung oder einem Urteil nicht anzusehen, ob sie inhaltlich auf die Sache zutreffen oder nicht, also ob sie Erkenntnis oder Irrtum, wahr oder unwahr sind. Das kann sich günstigenfalls mit der Zeit zeigen, wenn die Erfahrung fortschreitet; aber es gibt auch Gegenstandsgebiete, auf denen sich die Entscheidung unabsehbar hinzieht oder ganz ausbleibt. Von der letzteren Art sind gerade die großen weltanschaulichen Grundfragen, die Rätsel des praktischen Lebens, alles das, was die Sinn- und Wertgehalte menschlichen Daseins ausmacht. Hier überall käme es darauf an, genau und sicher unterscheiden zu können, was wahr und was unwahr ist, wessen wir gewiß sein können.

Um die Gewißheit geht es im Relativismus. Daß Erkenntnis und Irrtum in unseren Vorstellungen unheilvoll gemischt sind, ist nicht schwer einzusehen. Aber was an ihnen Erkenntnis, was Irrtum ist, offenbart sich uns nicht so leicht. Es hilft uns wenig, daß das Wahrsein als solches keiner Relativität unterliegt. Was ihr ausgesetzt bleibt, ist das »Wissen« um Wahrheit, die Gewißheit. Weil aber die Geltung von Urteilen, Meinungen, Auffassungen jederzeit an der Gewißheit hängt, die wir ihnen zuschreiben, so bleibt der Relativismus an der Geltung hängen.

Dieser Relativismus der Geltung ist um nichts weniger ernst und destruktiv als der vermeintliche Relativismus der Wahrheit. Aber man sollte ihn nicht beim unrechten Namen nennen. Man verunklärt damit nur die wahre Sachlage und verschiebt das Problem auf ein falsches Gleis.

Die hiermit vollzogene Richtigstellung ist bereits ein Resultat der Ontologie. Denn natürlich kann man den haltbaren Sinn der Relativität erst begreifen, wenn man eingesehen hat, daß er nicht den Gegenstand, sondern nur das Erkenntnisgebilde betrifft. Aber das ist nur die Hälfte dessen, was im Licht der Ontologie sichtbar wird.

Auch der Geltungsrelativismus erfährt hier eine Einschränkung, die seine alarmierenden Konsequenzen auf ein vernünftiges Maß zurückbringt.

Die entscheidende Einsicht ist, daß letzten Endes alles auf das Problem des »Kriteriums der Wahrheit« hinausläuft. Und da ist mit der Feststellung, daß es ein absolutes Kriterium nicht gibt, nur der erste Schritt getan. Der zweite zeigt, daß es deswegen doch sehr wohl ein relatives Kriterium gibt, und daß dieses keineswegs zu verachten ist, daß es sich vielmehr unter günstigen Bedingungen bis zur Gewährleistung hoher Gewißheitsgrade erheben kann.

Die ontologisch fundierte Erkenntnistheorie hat es nicht allzu schwer, das zu erweisen. Wäre unsere Erkenntnis auf einen Pfeiler allein gestützt – so wie der reine Empirismus und der reine Apriorismus (Rationalismus) es sich dachten, jener auf dem Sinneszeugnis allein, dieser auf dem reinen Intellekt allein alles aufbauend –, so wäre an ein tragfähiges Kriterium nicht zu denken. Setzt sie sich aber aus beiden Elementen zusammen, so daß diese wie zwei selbständige Pfeiler erst zusammen den Bogen der Erkenntnis tragen, so liegt die Sache ganz anders. Denn beide Erkenntniselemente sind auf dasselbe Feld der seienden [136] Gegenstände bezogen: sie legen inhaltlich heterogenes Zeugnis vom Gegenstande ab, haben ihre sehr verschiedenen und weitgehend voneinander unabhängigen Mittel und Wege, bauen aber dennoch erst gemeinsam das Erkenntnisgebilde auf. Sie treffen also in ihm zusammen, und was sich da nicht miteinander reimt, schaltet von selbst aus.

Deswegen braucht noch nicht alles, was zusammenstimmt, auf den Gegenstand zuzutreffen. Aber bei größeren Zusammenhängen im Fortschreiten der Erkenntnis nähert sich die Chance des Zutreffens doch der Gewißheit.

Mehr als Näherung an die Gewißheit kann der Mensch grundsätzlich nicht erwarten. Das aber ist nicht wenig. Denn es geht ja nicht um die individuell begrenzte Erkenntnis eines menschlichen Einzelbewußtseins; es geht vielmehr um den geschichtlichen Gesamtprozeß der Erkenntnis, und am meisten um den der Wissenschaft. Dieser Prozeß ist, ontologisch gesehen, ein Realprozeß, einmalig und unwiederholbar wie alles Reale. In ihm strömt noch viel mehr Heterogenes zusammen und fügt sich in dem gemeinsamen großen Erkenntnisgebilde des Wissens ineinander; und was zu bestimmter Zeit nicht seine klare Bestätigung oder Widerlegung findet, das gelangt doch im weiteren Fortschreiten irgendwann einmal zu ihr. Und dann wird es entweder fallengelassen, oder es rückt zu hohem Gewißheitsgrade auf.

Und so lichtet sich denn das Chaos des uferlosen Relativismus. Das geschieht nicht mit einem Schlage, und es kommt gewiß auch nie zu Ende. Aber auch der Erkenntnisprozeß selbst kommt ja nicht zu Ende. Und es ist schon viel, daß es in ihm überhaupt die Konvergenz des Vielspältigen und scheinbar Divergenten gibt, wenn sie auch stets zeitlich nachhinkt und den an seine Lebenszeit gebundenen Einzelmenschen in seiner Ungewißheit stecken läßt.

III

Es besteht nach dieser Durchmusterung der Probleme Grund genug, zur Ontologie zurückzukehren. Denn eine Rückkehr ist es freilich, wennschon die Ontologie selbst heute sehr anders ausfallen muß als einst. Das Zeitalter der Alleinherrschaft erkenntnistheoretischer Besinnung ist am Seinsproblem nicht spurlos vorübergegangen. Es hat Errungenschaften gebracht, die nicht mehr unberücksichtigt bleiben können. Und gerade deswegen ist die Ontologie heute eine ganz anders tragfähige Basis geworden, als die alten Universalientheorien es sein konnten, – auch für das Erkenntnisproblem.

Es ist zu wenig gesagt, wenn man die Umkehr, wie oben geschehen, durch die Auffassung des Erkenntnisverhältnisses als Seinsverhältnis, des Erkenntnisaktes als transzendenten Akt, des Gegenstandes als übergegenständlich seienden charakterisiert. Es geht vielmehr um die Rückkehr der ganzen Sehweise zur natürlichen Einstellung. Denn in dieser allein, der direkten Richtung (intentio recta) der Erkenntnis nach außen – auf den Gegenstand –, ist überhaupt das »Seiende als Seiendes« [137] faßbar. Diese Einstellung ist die des vorwissenschaftlichen Bewußtseins und zugleich die der meisten Wissenschaften, in erster Linie der Naturwissenschaft. Ihre unmittelbare Fortsetzung ist die der Ontologie.

Das ist keine Selbstverständlichkeit. Die Erkenntnistheorie hat eine ganz andere Einstellung. Sie biegt die natürliche Richtung um, wendet sie gegen sich selbst zurück; ihr Gegenstand ist eben die Erkenntnis selbst. Diese »reflexio« (buchstäblich als »Rückbiegung« verstanden) – oder auch intentio obliqua – vollzieht sie notgedrungen; aber durch sie geschieht es, daß sie die natürliche Sehweise preisgibt und nun den Erkenntnisgegenstand in seinem Seinscharakter nicht mehr fassen kann. Das zieht die Verkennung ihrer eigenen Stellung in der Welt und zuletzt die ganze Reihe der subjektivistischen Mißverständnisse nach sich. So kommt es, daß man gerade für die richtige Anlage der Erkenntnistheorie, obgleich diese sich notwendig in der intentio obliqua bewegen muß, doch zuerst einmal auf die intentio recta zurückgreifen muß.

Vollzieht man nun die Rückkehr zur natürlichen Einstellung schlicht und ohne Vorbehalte, so nähert man sich damit zugleich dem natürlichen Realismus und verliert nun wiederum leicht die Errungenschaften der Erkenntnistheorie, das transzendentale Problem und das »geistige Bilden« aus dem Blick. Das ist natürlich ebenso falsch. Denn erstens ist Realismus ein viel zu enger Begriff; ist doch selbst der naive Realitätsbegriff falsch begrenzt, auf Dinge und dingliches Geschehen eingeschränkt, während die seelische und geistige Welt in Wirklichkeit eine ebenso reale ist. Zweitens aber nimmt die Ontologie vom natürlichen Realismus nur die Realitätsthese selbst auf, keineswegs dagegen die Adäquatheitsthese. Jene besagt nur, daß die Gegenstände ein von der Erkenntnis unabhängiges Sein haben, diese aber behauptet, sie seien auch so beschaffen, wie das unreflektierte Erleben sie zeigt. Daß das letztere sich nicht halten läßt, beweist schon die einfachste Überlegung und ist seit der Sophistenzeit wohlbekannt. Man muß also die Adäquatheitsthese fallen lassen. Damit ändert sich das Bild noch einmal: zwischen die naive Gegebenheit und das, was für real gelten darf, schaltet sich der ganze Prozeß aufbauender Arbeit ein, welche die Erkenntnis zu leisten hat. Und dafür ist nun Spielraum, weil das Erkenntnisverhältnis sich als ein dreigliedriges erwiesen hat und das Erkenntnisgebilde, ohne die Identität des Gegenstandes zu verletzen, die ganze Stufenfolge dieser aufbauenden Arbeit durchlaufen kann.

Konkret und bedeutungsvoll wird aber dieses Resultat erst, wenn man es nach seiner anderen Seite zu auswertet. Denn jetzt gliedert sich das ganze Erkenntnisverhältnis zwanglos den übrigen Seinsverhältnissen der realen Welt, in der es seinen Spielraum hat, ein. Von seiner Zugehörigkeit als Akt zur Gruppe der »transzendenten Akte« war schon die Rede: es steht jetzt in einer Reihe mit dem Handeln und Wollen, dem Lieben und Hassen, dem Erleben und Erleiden, dem Erwarten und Fürchten.

[138] Alle diese Akte haben ein seiendes Gegenglied, auf das sie gerichtet sind; und in der Gesamtheit solcher Gegenglieder besteht die reale Welt, soweit sie erfaßt wird (uns zum Gegenstande wird). Die transzendenten Akte machen die Wege der Beziehung zwischen dem Bewußtsein und der Welt, in der es steht, aus. Man kann auch sagen: sie machen dieses sein Darinstehen selbst aus.

Die Erkenntnis ist unter ihnen zwar eine sekundäre Form der Beziehung, aber eine sehr eigenartige und unvergleichliche. An ihr hängt die Orientierung des Menschen in der umgebenden Welt. Zunächst ist diese rein vitalen Zwecken der Lebenserhaltung unterworfen, steht also im Dienste des Organismus; dann erhebt sie sich zu höheren praktischen Zielen, zuletzt aber wird sie von allen ihr äußeren Zwecken frei und dient nur der reinen Umschau, dem Erfassen der Welt als solchem. Diese Stufe ist heute in vielen Wissenschaften erreicht und bildet nunmehr ein eigenes geistiges Lebensgebiet des Menschen.

Damit erst ist das Feld frei für die richtige Einordnung der Erkenntnis in den gesamten Lebens- und Seinszusammenhang der Welt. Einst glaubte man, die Welt sei nichts als das Gegenglied des erkennenden Subjekts, ihr »Objekt«. Jetzt sieht es umgekehrt aus: was sie sich zum Objekt zu machen weiß, ist nur ein Ausschnitt aus der Welt, die Erkenntnis selbst aber ist ein Stück der Welt, ein Glied, und zwar ein von vielen anderen Stücken getragenes, die alle ihr gegenüber primär sind und ein selbständiges Bestehen haben.

Dieses Getragensein nun, und mit ihm die Einordnung der Erkenntnis, läßt sich ontologisch sehr genau bestimmen, wenn man den allgemeinen Aufbau der realen Welt zugrunde legt. Die reale Welt nämlich ist nicht in sich einfach, sondern sehr mannigfaltig gestuft. Es überlagern sich in ihr vier Seinsschichten, von denen immer die niedere die höheren trägt. Die unterste umfaßt den Kosmos als Inbegriff aller physischen Gebilde, vom Atom bis zu den Riesensystemen, von denen die Astronomie uns Kunde gibt. Die zweite ist das Reich des

Organischen, der Ausdehnung nach verschwindend klein im Kosmos, der Seinshöhe nach ihm weit überlegen und autonom bei aller Abhängigkeit. Über dem Organismus, von ihm getragen, aber ihm gänzlich unähnlich, erhebt sich die seelische Welt, das Bewußtsein mit seinen Akten und Inhalten. Und wiederum über diesem baut sich das geistige Leben auf, das nicht im Bewußtsein des Einzelnen aufgeht, sondern eine gemeinsame Sphäre bildet, deren Werdegang die Generationen überbrückt und verbindet.

Welcher dieser Seinsschichten die Erkenntnis angehört, kann nicht zweifelhaft sein. Das Bewußtsein, als primitives (geistloses) verstanden, mag ihre Anfänge enthalten. Zur Entfaltung kommt sie offenbar erst in der höchsten Schicht, im Geiste. Hier hat sie ihren ontologischen Ort, und von hier aus muß man das Verhältnis zur übrigen Welt, das sie herstellt, verstehen. Denn da sie ein transzendenter Akt ist, gehört dieses Verhältnis wesentlich zu ihr.

[139] Man muß also weiter fragen: in welcher Seinsschicht liegt ihr Gegenglied, dem sie funktional zugeordnet ist? Als Gegenglied funktioniert für sie alles Seiende, das sie sich zum Gegenstande machen kann, und zwar gleichgültig dagegen, wie weit sie es wirklich zu erfassen imstande ist. Denn schon was sie sich zum Problem macht, wird eben damit in gewissen Grenzen zu ihrem Gegenstande. Da nun die Erkenntnis sich grundsätzlich auf alles Seiende erstrecken kann, muß man sagen: ihr Gegenstand liegt in allen vier Schichten, resp. sie ist allen vieren in gleicher Weise zugeordnet. Sie ist

also auch dem Geiste, und damit sich selbst als einem möglichen Gegengliede zugeordnet, kann auch sich selbst zum Gegenstande machen. Und das eben tut sie in der Erkenntnis-»Theorie«. Sie bildet demnach entsprechend den Stufen ihres Gegenstandes ihrerseits ein Stufenreich, ist Erkenntnis der Dinge, des Lebendigen, der seelischen Innerlichkeit und des geistigen Seins, sowohl des personalen, das im Individuum aufgeht, als auch des geschichtlich objektiven, von dem die Geisteswissenschaften handeln.

Das ergibt ein reiches Gesamtbild, dessen Glieder sich in der Mannigfaltigkeit der Wissensgebiete spiegeln. Aber der Reichtum ist keineswegs den Wissenschaften allein eigen. Er differenziert sich schon deutlich im Leben selbst heraus, denn das menschliche Leben ist auch im Alltag schon überall von Erkenntniselementen durchsetzt, und praktisch hängt jeder Schritt, den wir tun, bereits wesentlich von dem Grade der Einsicht ab, die uns die verschlungenen Seinsverhältnisse erleuchtet.

Es ist von entscheidender Wichtigkeit, sich das ontische Doppelverhältnis, in dem die Erkenntnis steht, klarzumachen. Einerseits ist sie durch ihre Zugehörigkeit zum Geiste und als eminent geistige Funktion von der ganzen Stufenfolge der niederen Seinsschichten getragen und insofern von ihr abhängig. Andererseits ist sie als transzendenter Akt funktional eben denselben Seinsschichten als ihren Gegenstandsgebieten zugeordnet. Diese Zuordnung besteht in der Intention auf das Seiende aller Art und Seinshöhe. Sie erstreckt sich also vom Geiste aus rückwärts auf dieselben tragenden Seinsschichten bis hinab zur Materie. Das ganze Doppelverhältnis stellt sich also als eine Art Kreislauf dar, durch den die Welt als Inbegriff des Seienden im Menschengeiste zum Bewußtsein dessen kommt, was sie ist. Man kann in diesem Sinne auch sehr wohl von einem »Fürsichsein« der Welt sprechen, das in der Erkenntnis zustande kommt; denn die Erkenntnis ist im Grunde ein Realverhältnis und gehört als Funktion des Geistes mit zur realen Welt. Soweit liegt keine Übertreibung in dem viel mißbrauchten Begriff des Fürsichseins. Man darf den letzteren nur nicht nach Hegelscher Art als »Fürsichsein des Geistes« verstehen, sondern eben nur als Fürsichsein der Welt (oder des Seienden); und man darf seiner Realisation im Menschen nicht eine durch die ganze Welt gehende teleologische Tendenz unterschieben, durch welche sie zu einem bestimmenden Zweck der ontischen Stufenfolge gemacht würde. [140]

Solche spekulativen Vereinfachungen sind und bleiben völlig unbegründet und müssen in einer ernsthaften Untersuchung aus dem Spiele bleiben. Der Sinn des Kreislaufes ist ein weit schlichterer. Die Welt ist nicht auf Erkenntnis hin angelegt. Der Kosmos und die lebendige Natur bestehen auch ohne sie und bedürfen ihrer nicht, und auch vom geistlosen Bewußtsein gilt noch dasselbe. Erst mit dem Aufkommen geistigen Lebens tritt sie in Erscheinung. Dann aber erstreckt sie sich der Intention und dem Gegenstandsfelde nach auf alles, was auch ohne sie bestand. Ein Interesse an ihr hat nur der Geist selbst. Mit ihrem Einsetzen aber begreift er auch sein eigenes Aufruhen auf dem, was ohne ihn vorbestand. Getragen ist die ganze Schichtenfolge von der Materie, erleuchtet aber wird sie vom Geiste. Die Erleuchtung besteht freilich nicht in der Erkenntnis allein, denn alle Sinngebung durch menschliche Zwecke und alle Realisation durch menschliches Schaffen gehört mit zu ihr. Aber Erkenntnis ist doch in alledem das führende Moment; und sie trägt selbst den Stempel des Schaffens und der Sinngebung an der Stirn. Denn der Geist weitet sich mit dem Weltbilde, das sie ihm erarbeitet. Er wächst mit ihrem Wachstum ständig über sich hinaus – hinein in die ihn tragende Welt und wird im Maße seines Umspannens ihrer teilhaftig.

Nun aber differenziert sich die Erkenntnis entsprechend den Seinsgebieten ihres Gegenstandes. Nicht alles Seiende ist ihr in gleicher Weise zugänglich. Hier waltet vielmehr eine beträchtliche Abstufung, und zwar nicht gleichlaufend mit der Schichtenfolge. Sie richtet sich auch keineswegs – wie man wohl erwarten möchte – nach der Seinsdistanz des Gegenstandes vom Geiste. Es ist keineswegs so, daß das ihm fernste und unähnlichste Seinsgebiet, das Physisch-Materielle, ihm am meisten verschlossen, er selbst aber sich am leichtesten zugänglich wäre. Und auch das umgekehrte Verhältnis waltet hier nicht. Vielmehr ist die Abstufung viel komplizierter. Oder richtiger, es steht unter einem ganz anderen Gesetz, das man nicht ohne weiteres in ein allgemeines Schema zwingen kann. Man muß es vielmehr erst aus der Analyse der einzelnen Erkenntnisgebiete zu gewinnen suchen.

Es spielt hier vor allem der Gegensatz von intentio recta und obliqua, von natürlicher und reflektierter Einstellung, hinein. Der niedersten Seinsschicht gegenüber herrscht eindeutig die erstere. Dinge und dingliche Verhältnisse, räumliche Körper und Vorgänge treten uns als äußere Gegenstände entgegen; sie bestimmen wesentlich den Charakter der Außenwelt. Anders ist es schon mit dem Organischen. Dieses ist uns in zwei Richtungen gegeben: einerseits im Innenaspekt als das eigene körperliche Leben, das sich uns unmittelbar im physischen Schmerz und Wohlbefinden ankündigt, aber dabei zumeist nicht gegenständlich aufgefaßt wird; andererseits am fremden Organismus, in dessen sichtbarer Gestalt, Bewegung usw., also im Außenaspekt. Hier sind beide Einstellungen beteiligt. Eine Stufe höher ist uns die seelische Welt, als unsere eigene, rein im Innenaspekt gegeben – durch »innere Wahrnehmung« oder »inneren Sinn«, wie man es genannt hat; hier herrscht also [141] die intentio obliqua allein. Im Reich des Geistes hingegen ist es wiederum ganz anders; denn der Geist tritt uns als »objektiver« auch als äußerer Gegenstand und als umgebende Welt entgegen. Recht, Sitten, Religion, Sprache, Wissen lernen wir kennen, indem wir in das Bestehende hineinwachsen und an ihm teilgewinnen. Dem Einzelnen tritt dieses alles als vorbestehende Sphäre entgegen. Darum ist es ihm vorwiegend durch die intentio recta zugänglich. Daneben ist es freilich immer auch in gewissen Grenzen dem Innenaspekt gegeben. Und so haben wir denn auch hier, ähnlich wie im Erfassen des Organischen ein Zusammentreffen beider Aspekte.

Dieser merkwürdigen Verteilung der beiden intentiones auf die verschiedenen Erkenntnisbereiche entspricht nun die Abstufung der Gegebenheit verstanden als eine solche der empirischen (aposteriorischen) Seite der Erkenntnis.

Am stärksten und unmittelbarsten geben die äußeren Sinne, vor allem der Gesichtssinn, die dingliche Welt. Darum haben wir von der niedersten Seinsordnung – der physisch-materiellen – die stärkste, unbestrittenste und gleichsam prototypische Gegebenheit. Das ist merkwürdig genug, weil doch gerade hier die größte Heterogeneität zum Geiste waltet, »für« den allein die Gegebenheit besteht. Aber hier sieht man es eben, wie wenig sinnliche Gegebenheit mit Homogeneität des Gegenstandes zu tun hat. Worauf es ankommt, ist offenbar etwas ganz anderes: der Gegenstand ist in dieser Seinsschicht noch ein verhältnismäßig einfacher, das macht ihn leichter zugänglich, und zwar nicht nur für die Erkenntnis a posteriori; was sich sogleich noch von anderer Seite zeigen wird.

Zunächst aber gilt das nur von der Wahrnehmung. Und im Hinblick auf sie tritt auch der Gegensatz, in dem die Gegebenheit des Organischen dazu steht, am deutlichsten zutage. Das Lebendige als solches ist uns zwar im Doppelaspekt zweier Intentionen gegeben, aber in beiden nur vermittelt. Die innere Wahrnehmung gibt direkt nur das seelische Sein, die äußere nur das Dingliche. In beiden spiegeln sich freilich die organischen

Prozesse, aber sie werden nicht direkt wahrgenommen. Das leibliche Selbstgefühl ist nur ein diffuses Bewußtsein der wirklichen Leibzustände ohne Bild der physiologischen Vorgänge; und die Wahrnehmung des fremden Organismus durch die äußeren Sinne sagt erst recht nichts über deren eigentlichen Verlauf. In beiden Richtungen dringt erst eine späte, auf mannigfaltige Beobachtung, Erfahrung und Schlußfolgerung basierte Einsicht tiefer ein, im wesentlichen also die wissenschaftliche. Wir haben eben keinen direkten Sinn für das Lebendige als solches. Wenn wir ein Glied bewegen, so wissen wir nichts von den komplizierten Vorgängen der Innervation und muskularen Kontraktion, erst die Physiologie und Anatomie belehren uns darüber. Aber unsere Aktivität wartet nicht auf die Belehrung, sondern funktioniert völlig unabhängig von ihr. Der Innenaspekt hat zwar unmittelbare Gewißheit, bleibt aber inhaltlich arm; der Außenaspekt ist reich und objektiv, und [142] er kann in der Wissenschaft unbegrenzt erweitert werden, aber er bleibt an weite Umwege gebunden, und die eigentlichen Geheimnisse der Lebendigkeit verrät auch er nicht.

Dieses komplizierte Verhältnis ist im Vergleich mit der unmittelbaren Gegebenheit des Dinglich-Materiellen sonderbar genug, weil doch das letztere uns, die wir selbst organische Wesen sind, so viel ferner steht als das eigene Leben. Erkenntnistheoretisch läßt sich das auch nicht weiter erklären. Wohl aber können wir anthropologisch – und das besagt ontologisch – die Sachlage verstehen. Unsere Erkenntnis ist von Hause aus ein Organ des Sich-Zurechtfindens in der umgebenden Welt und dient diesem praktischen Zweck. Dafür ist die Gegebenheit der dinglichen Umgebung wesentlich, die der inneren Lebensvorgänge aber nicht nur unnötig, sondern geradezu hinderlich. Die Atmung, der Blutkreislauf, die chemischen Reaktionen des Stoffwechsels, die innere Sekretion sind von Natur zweckmäßig gesteuert und unterliegen einer subtil funktionierenden Regulation. Diese funktioniert am besten, wenn sie dem Bewußtsein entzogen ist und von seiner Willkür nicht gestört wird. Ihr Verborgensein für uns ist also selbst organisch zweckmäßig. Wir bedürfen im Leben nicht nur keiner wissentlichen Orientierung über sie, sondern sind auch am besten geschützt dadurch, daß sie dem Wissen entzogen ist. In der Außenwelt dagegen bedürfen wir der Orientierung, denn hier bedeutet sie das Verfügbarmachen der Dinge für uns und die Möglichkeit, die umgebende Welt in den Grenzen des Lebensnotwendigen auch zu beherrschen.

An diesem Verhältnis kann man es wie an einem Standardbeispiel mit Händen greifen, warum die Erkenntnistheorie heute nicht mehr ohne ontologische Fundierung zu bewerkstelligen ist. Die Rätsel in den weit auseinanderklaffenden Graden der Gegebenheit sind ohne Berücksichtigung der Natur des Menschen und seiner Stellung in der Welt nicht lösbar. Sie erzwingen gebieterisch die Eingliederung des Erkenntnisproblems in den größeren anthropologischen Problemzusammenhang.

Indessen geht die Stufenfolge weiter. Das seelische Sein ist, wie gezeigt, nur der intentio obliqua direkt gegeben. Hier aber stößt sie auf ein anderes Hindernis. Ist schon die reflektierte Einstellung als solche im Vergleich mit der natürlichen eine Erschwerung, so wird sie vollends behindert durch die Beeinflussung des seelischen Vorganges, den sie erfassen soll, durch ihr eigenes Tun. Denn auch dieses Tun ist ein seelischer Akt und wirkt auf den beobachteten Vorgang zurück. Die Reflexion verändert den Vorgang, der ihr Gegenstand ist. Die Psychologie unserer Tage hat andauernd mit dieser Schwierigkeit zu kämpfen. Sie mißtraut der direkten Selbstbeobachtung, verlegt das Objekt in die fremde Person, experimentiert mit deren seelischer Reaktion als mit der des ungestörten Bewußtseins, muß sich aber dabei auf Aussagen der Versuchsperson verlassen, ohne dabei die Garantie zu haben, daß diese auch objektiv zutreffend sind. Das Verfahren bewährt sich zwar in gewissen einfacheren Problembereichen; bei den komplizierteren – die meist gerade die wichtigeren sind – stößt es auf unüberwindliche Grenzen.

[143] Einst hatte Descartes gelehrt, das unmittelbare Selbstbewußtsein sei das Gewisseste, was wir haben. Das ist richtig, wenn man es auf die eigene Existenz bezieht, wie sein Satz »cogito ergo sum« es aussprach. Aber es geht hier nicht um die bloße Existenz, sondern um das inhaltliche Erfassen der seelischen Vorgänge in ihrem unübersehbaren Reichtum der Differenziertheit. Und da gilt ein ganz anderes Gesetz: die seelischen Vorgänge sind nicht identisch mit ihrem Erlebtwerden, das

Bewußtsein ist in ihnen auf Gegenstände ganz anderer Art (vorwiegend der umgebenden Welt) gerichtet, nicht auf sich selbst. Macht man sie selbst zu Gegenständen, so erhebt man das spezifisch Subjektive in die Objektivität und verfälscht sie damit. Das seelische Leben hat seine eigene, psychische Realität, und diese wird von dem zweiten Bewußtsein, dem der auf sie gerichteten Erkenntnis teilweise verdeckt. Oder, wie Fichte es summarisch aussprach: »Das Ich steht sich selbst im Wege.«[7]

Auch im praktischen Leben kennen wir dieses Phänomen. Es ist seit Sokrates bekannt als der schwer überwindbare Widerstand der Menschenseele gegen die »Selbsterkenntnis«. Freilich ist diese hier als ethische Rechenschaft des Menschen gemeint, und die Motive des Widerstandes sind andere. Heute sprechen wir lieber in neutralerer Weise von einem »Sichselbstverstehen« im Sinne von Diltheys verstehender Psychologie.[8] Aber das Grundphänomen bleibt dasselbe: ob sich der Akt gegen das helle Bewußtsein seines Vollzuges sträubt, oder ob dieses ihn stört, die Schwierigkeit des Erkennens ist dieselbe. Das eigentlich Subjektive ent-

---

[7] [Sinngemäßes Zitat. Bei Fichte heißt es u.a. wörtlich: »[...] immer verdeckt unser Sehen selbst uns den Gegenstand, und unser Auge selbst steht unserm Auge im Wege« (J. G. Fichte: Die Anweisung zum seligen Leben, hg. v. H. Verweyen, Hamburg [4]1994, 82).]

[8] [Der Philosoph Wilhelm Dilthey (1833-1911) ist u.a. durch seine hermeneutische Grundlegung der Geisteswissenschaften bekannt geworden. Zu den Geisteswissenschaften zählt Dilthey, ganz entgegen dem naturwissenschaftlich-positivistischen Geist seiner Zeit, auch die Psychologie.]

zieht sich immer teilweise der Objektwerdung, und der nicht objizierbare Teil ist gerade das Wichtigste und Eigentliche an ihm. Alle unsere Vorstellungen und Begriffe sind eben ursprünglich auf Erfassung der äußeren Objektwelt zugeschnitten. Was wunder also, wenn sie auf die innere Welt, die keine gegenständlich scharfen Grenzen und Formen kennt, nicht zupassen?

Wieder ganz anders steht es mit der Gegebenheit des Geistes. Man sollte meinen, das Wissen um ihn müßte doch erst recht die Form der Reflexion und des Selbstbewußtseins haben und darum von denselben Aporien betroffen sein. Dem ist keineswegs so: der Geist ist nicht als Subjektsphäre allein gegeben, er tritt uns auch objektiv als eine ganze Lebenssphäre entgegen, in der wir uns bewegen und zurechtfinden müssen, ähnlich wie in der natürlichen Welt. Von dieser Sphäre wurde schon gezeigt, wie sie als gemeinsame und geschichtlich fortbestehende – als »objektiver Geist« – in der Sprache, im Wissen, in Recht, Moral und Religion ein inhaltlich geformtes Reich größten Stiles bildet, das geschichtliche Realität hat und durch ihre Prägungen auch den personalen Geist des Einzelmenschen prägt. Subjekt der Erkenntnis ist dagegen nur der in ihr stehende Einzelne. Aber auch sein Wissen um sie wird in die gemeinsame Objektivität erhoben und erscheint als das die Individuen verbindende Rechtsbewußtsein, sittliche Wertung, Wissenschaft, Ausdrucksform und historisches Bewußtsein.

[144] Durch diese Objektivität ist die Welt des Geistes den Schwierigkeiten des unmittelbaren Selbstbe-

wußtseins und der reinen intentio obliqua enthoben. Ihre Erlebbarkeit und Erfahrbarkeit steht der des Physischen wieder um vieles näher; sie ist wie dieses der natürlichen Einstellung gegeben; und da auch die Akte des personalen Geistes weitgehend durch den objektiven geprägt sind, überträgt sich der Vorzug der intentio recta auch auf deren Erfassung.

Übersieht man nun das ganze Feld der Gegebenheit in seiner Differenzierung nach Gegenstandsgebieten, so ergibt sich das Bild einer Kurve. Die Gegebenheit ist am stärksten im Bereich der beiden Extreme, der niedersten und der höchsten Seinsschicht, d.h. im Gegenstandsfelde des Dinglich-Materiellen und des Geistes. Das dem Geiste Heterogenste und das ihm Homogenste ist ihm am besten zugänglich, wenn auch aus sehr verschiedenen Gründen und in sehr verschiedener Weise: das eine weil es das gegenständlich Einfachste und das den fünf Sinnen direkt sich Darbietende ist; das andere weil es die unmittelbare Lebenssphäre des Geistes, die seiner ständigen Situationen, Konflikte und Entscheidungen ist. Auf beiden Gebieten ist die Lebensaktualität die gleiche, und für beide trifft daher das gleiche anthropologische Argument der Dringlichkeit immer neuer Orientierung zu. In beiden Fällen also wird der Reichtum der Gegebenheit aus der ursprünglich praktischen Angepaßtheit der Erkenntnis an das Lebensnotwendige verständlich.

Das Umgekehrte gilt für die beiden mittleren Schichten des Seienden. Das organische Leben ist zwar beiden Intentionen gegeben, aber nur mittelbar, und die Welt des Seelischen ist auf die reflektierte Einstellung beschränkt, die es nur teilweise und gegen die schwersten inneren Widerstände zur Objektivität bringt.

Die Abstufung der aposteriorischen Erkenntnis beschreibt auf diese Weise eine gebogene Linie. Sie beginnt am unteren Ende mit einem Maximum inhaltlicher Fülle, gleichsam in größter Nähe zum Gegenstande, entfernt sich dann in den mittleren Bereichen von ihm, erreicht um die psychophysische Grenzscheide (die zwischen Organischem und Seelischem) herum die größte Distanz zu ihm, und damit zugleich ihr eigenes Minimum, führt aber an ihrem oberen Ende wieder zu ihm zurück, indem sie zu einem zweiten Maximum aufsteigt.

Diese eigenartige Kurve der Gegebenheit ist ein erstes Resultat des hier eingeschlagenen Vorgehens, welches die Erkenntnis im Lichte der Ontologie zu sehen sucht. Es erleuchtet einen Teil der Erkenntnisphänomene aus den Seinszusammenhängen, in denen der Mensch als erkennendes Wesen steht. Verständlich wird von hier aus vor allem, warum alle Theorien, die vom Subjekt allein, oder auch nur von der Bewußtseinsseite des Erkenntnisaktes ausgehen, besonders aber diejenigen, die das Selbstbewußtsein als Hauptphänomen zugrunde legen, das Wesen der Erkenntnis verfehlt haben. Das Selbstbewußtsein ist gerade der am wenigsten geeignete Ausgangspunkt, weil es zu dicht am Minimum der [145] Gegebenheit liegt. Aber auch die bloß introspektive Analyse des Erkenntnisaktes, wie die Phänomenologen sie versucht haben, gelangt an das eigentliche Wesen der Gegebenheit nicht heran. Sie bleibt am

Bewußtseinsvorgang in seiner Immanenz stehen und faßt das transzendente Verhältnis zum Gegenstande nicht. Was sie als Gegebenes beschreibt, ist keine Seinsgegebenheit.

Erst die ontologische Sicht, indem sie das Erkenntnisverhältnis als Seinsverhältnis versteht, vermag es aus seiner Einbettung in den Lebenszusammenhang heraus zu begreifen. Dieser aber zeigt es ganz zuerst in seiner Differenzierung nach Gegenstandsgebieten, die ihrerseits identisch mit den Schichten des Realen sind, von denen der erkennende Geist getragen ist.

IV

Die andere Instanz der Erkenntnis, die apriorische, unterliegt gleichfalls einer Differenzierung, und zwar nach denselben Gegenstandsgebieten. Da sie von grundlegend anderer Art ist, mit anderen Mitteln arbeitet, auf anderen Prinzipien beruht und wesentlich andere Seiten des Gegenstandes erfaßt, so hat man Grund zu erwarten, daß ihre Abstufung gleichfalls eine andere sein wird.

Ist sie doch ausschließlich auf das Allgemeine, Wesensnotwendige und Gesetzmäßige am Gegenstande gerichtet, während die empirische Gegebenheit unmittelbar stets nur den Einzelfall als solchen erfaßt. Der Unterschied könnte nicht größer sein: auf der einen Seite das unverstandene Mannigfaltige in seiner Unverbundenheit und Zufälligkeit, auf der anderen das Verstehen und Begreifen der Seinszusammenhänge, der Abhängigkeit, der Bedingungsketten, an denen das Möglichsein und Notwendigsein – und zwar auch das des Einzelfalles – hängt. Alles »geistige Bilden« und »Umbilden« im Bereich der Vorstellung ist Sache der Synthesen, die auf Grund eines A priori vollzogen werden, während das Gegebene für diese nur eine Ausgangsebene bildet.

Die Erwartung erweist sich – um es gleich zu sagen – als trügerisch. Der Gang der Abstufung apriorischer Einsicht zeigt sich im wesentlichen als ein ähnlicher wie der soeben geschilderte der Gegebenheit, gleichsam als parallel zu ihm laufende Kurve.

Um das zu erweisen, müssen wir auf den Anfang der ganzen Untersuchung zurückgreifen. Das apriorische Element der Erkenntnis beruht auf gewissen allgemeinen Prinzipien, welche das Subjekt mitbringt und in seiner Verarbeitung des Gegebenen einsetzt. Man ist seit Kant gewohnt, sie Kategorien zu nennen; die Geschichte ihres Problems aber weist mancherlei ältere Bezeichnungen für sie auf: vom Eidos [Urbild] der Alten, über die essentiae [Wesenheiten] und universalia [Allgemeinbegriffe] der Scholastik, bis zu den simplices [einfache Ideen] der Rationalisten und den Wesensgesetzen Husserls. Das Entscheidende in ihnen aber liegt nicht im Wechsel der Fassung, sondern in der Doppelheit ihres Auftretens: als Erkenntnisprinzipien einerseits und als Seinsprinzipien andererseits.

[146] Der Sinn dieser Doppelheit ist auch zu Anfang schon angedeutet worden. Er liegt in einem Identitätsverhältnis von Seins- und Erkenntniskategorien, an des-

sen Reichweite die Erkennbarkeit a priori auf allen Gegenstandsgebieten hängt. Das volle Gewicht dieses Verhältnisses aber läßt sich erst auf Grund jener Gegenüberstellung von Erkenntnisgebilde und Gegenstand ermessen, die in der ontologischen Analyse des Erkenntnisaktes als eines »transzendenten Aktes« greifbar wurde.

Erkenntnis besteht darin, daß das Erkenntnisgebilde mit dem Gegenstande übereinstimmt. Nichtübereinstimmung ist Irrtum. Es kommt in der apriorischen Erkenntnis also darauf an, daß die Kategorien, die das Subjekt im »Bilden« der Vorstellung einsetzt, dieselben sind, auf denen der Gegenstand aufgebaut ist. Darum formulierte Kant seinen obersten Grundsatz aller synthetischen Urteile a priori dahin, daß die Kategorien der Erfahrung zugleich die des Gegenstandes sein müßten.

Diese fundamentale Identitätsthese aber ist nur teilweise zutreffend. Sie behauptet zuviel. Wären alle Kategorien des Gegenstandes zugleich Kategorien der Erkenntnis, so könnte es nichts Unerkennbares geben. Das widerstreitet dem Phänomen der unübersteigbaren Erkenntnisgrenzen, an die wir auf allen Gegenstandsgebieten stoßen. Es muß also einen Überschuß an Seinskategorien geben, die nicht im Bewußtsein als die seinigen wiederkehren. Mit anderen Worten, es kann sich nur um partiale Identität der Erkenntnis- und Seinskategorien handeln, und zwar muß die Identität so begrenzt gedacht werden, daß die Reichweite der Erkenntnis a priori genau der Reichweite der Identität von Seins- und Erkenntniskategorien entspricht. In abgekürzter Formel also darf man sagen: die Erkennbarkeitsgrenze am Gegenstande ist gezogen durch die Grenze der kategorialen Identität. Mit der Erkennbarkeit der Kategorien selbst hat sie dagegen nichts zu tun.[9]

Das Kategorienproblem, im Lichte der Ontologie gesehen, erweitert sich demnach zu einem Problem der kategorialen Differenz. Man muß nun statt mit einem Kategorienreich vielmehr mit zweien rechnen, wobei das Hauptgewicht auf die genaue Ziehung der Identitätsgrenze fällt. Man kann diese Aufgabe als die einer »differenziellen Kategorialanalyse« bezeichnen. Sie ist insofern keine einfache, als sie nicht durch eine scharfe Grenzlinie zwischen Kategorien, die nur Seinsprinzipien, und solchen, die »auch« Erkenntnisprinzipien sind, lösbar ist. Es stellt sich nämlich in der Analyse selbst heraus, daß auch einzelne Kategorien nur teilweise in beiden Bereichen identisch sind, d.h., daß sie als Erkenntnisprinzipien nur teilweise mit den entsprechenden Seinsprinzipien identisch sind, teilweise aber von ihnen abweichen. Anders ausgedrückt: die Grenze der kategorialen Identität geht mitten durch sie hindurch. Hier hat die [147] differenzielle Kategorialanalyse ein weites Arbeitsfeld, das heute noch kaum in Angriff genommen ist, auf dem aber die wichtigsten Ent-

---

[9] Über dieses in sich nicht ganz einfache Verhältnis und die Geschichte seiner Entdeckung habe ich ausführlich gehandelt in den Werken: »Grundzüge einer Metaphysik der Erkenntnis« (1921, 4. Aufl. 1949), Kap. 46-49, und »Der Aufbau der realen Welt« (1940, 2. Aufl. 1950), Kap. 12-14.

scheidungen über fast alle Probleme des philosophischen Weltbildes zu suchen sind.

Die Beispiele dafür sind gar nicht so entlegen, wie man meinen sollte, Der Realraum etwa hat sich gerade in unserer Zeit als nicht identisch mit dem Anschauungsraum erwiesen, die Realzeit ebensowenig mit der Anschauungszeit. Der Realprozeß in den Naturvorgängen ist weit entfernt, seiner inneren Struktur nach mit dem erlebten Geschehnis identisch zu sein. Auch das Allgemeine in ihm, das wir als Gesetzlichkeit bezeichnen, deckt sich nicht ohne weiteres mit den Formeln, in denen die Naturwissenschaft es faßt; dafür ist das in unserer Zeit aktuell gewordene Problem der statistischen Gesetze, die den Einzelprozeß als solchen gar nicht betreffen, der sprechende Beleg. Die Vorstellungen von Substanz und Kausalität haben im Laufe der Jahrhunderte derartig gewechselt, daß es anmaßend wäre, irgendeine von ihnen als Seinskategorie ausspielen zu wollen. Weiter aufwärts aber von den Kategorien des organischen und des seelischen Seins wissen wir heute noch wenig, ein Zeichen dafür, wie sehr sie unserem erkennenden Bewußtsein fehlen. Aber auch von den einfachsten Fundamentalkategorien, die allen Seinsstufen gemeinsam und darum keinem besonderen Gegenstandsbereich zugeordnet sind, gilt das gleiche. Am greifbarsten ist das im Gebiet der Modalität: Realmöglichkeit deckt sich nicht mit der Denkmöglichkeit, Realnotwendigkeit nicht mit Wesensnotwendigkeit, die Modi der Erkenntnis weichen weit ab von denen des Seienden, und das in der Gegebenheit für »wirklich« Geltende ist weit entfernt, das Realwirkliche zu sein.

Vielleicht gibt es überhaupt nur ein einziges Gegenstandsgebiet, auf dem wir mit einer wirklich weitgehenden Identität von Seins- und Erkenntniskategorien rechnen können: das der Mathematik. Die einzigartige Gewißheit mathematischer Erkenntnis ist das Zeugnis dafür. Aber sie gilt streng nur für die »reine« Mathematik, und diese hat es direkt nur mit dem idealen Sein der Zahlen und Figuren, Mengen und Größenverhältnisse zu tun. Diese Gegenstände sind zwar weit entfernt, bloß in Gedanken zu bestehen – wäre das der Fall, so wäre die Mathematik gar nicht Erkenntnis, sondern leeres Gedankenspiel –, aber ihr Sein ist zunächst ein bloß »ideales«. Mittelbar allerdings überträgt sich die Mannigfaltigkeit der mathematischen Verhältnisse auf die reale Welt; nicht auf die ganze zwar, aber um so mehr auf ihre niederste Schicht, das Physisch-Materielle. Sie durchdringt es und macht es mathematisch exakt faßbar. Darauf beruht die wunderbare Leistung der mathematischen Naturwissenschaft, ihre durchsichtige Gesetzlichkeit und Rationalität. Erkenntnistheoretisch gesprochen: es ist der hohe Einschlag apriorischer Einsicht, der sie zu ihren großartigen Erfolgen geführt hat.

Von hier aus kann man es nun sehr deutlich sehen, wie sich die ganze Kurve der Erkenntnis a priori über die Seinsschichten ihres Gegenstandes hin gestaltet, warum sie sich von derjenigen der Gegebenheit nicht weit [148] abhebt, sondern im wesentlichen ihr parallel läuft. Die Kategorien der Erkenntnis stehen denen des Seienden auf dessen unterster Stufe (im Anorganischen) am nächsten. Sie entfernen sich von ihnen ziemlich weit auf der Ebene des organischen und des seelischen Seins, nähern sich ihnen aber wieder im Bereich des geistigen Lebens. Oder kategorial ausgedrückt: die Identität von Erkenntnis- und Seinskategorien variiert in der Weise, daß sie an der unteren und oberen Grenze des Realen am besten erfüllt ist, auf den mittleren Stufen aber weitgehend fehlt. Die Gebiete größter kategorialer Deckung also fallen mit denen der reichsten aposteriorischen Gegebenheit zusammen, die der geringsten Deckung mit den Gebieten ärmster und am meisten fragwürdiger Gegebenheit.

In dieser Geschlossenheit ist das Gesamtbild der Abstufung freilich noch ein bloß vorweg genommenes. Nur am unteren Pol ist das Phänomen aufgewiesen. Der Beleg für die höheren Schichten wird also noch nachzuholen sein. Zuvor aber, muß, um das Kategorienverhältnis im ganzen zu übersehen, noch eine Ergänzung vorgenommen werden.

Das Reich der Kategorien gliedert sich zwar in seiner Besonderung nach den Schichten des Realen, ist aber auf die sich überlagernden Gruppen, die diesen Schichten entsprechen, nicht beschränkt. Es gibt auch Kategorien von solcher Allgemeinheit, daß sie sich in gleicher Weise auf alle Seinsschichten erstrecken. Von dieser Art ist die große Gruppe der Fundamentalkategorien und die bereits obenerwähnte der Modalkategorien. Zu den ersteren zählen Einheit und Mannigfaltigkeit, Einstimmigkeit und Widerstreit, Gegensatz und Dimension,

Kontinuität und Diskretion, Determination und Dependenz, Element und Gefüge und viele andere. Sie wandeln sich in ihrem Gang aufwärts durch die Seinsschichten mannigfach ab, bleiben aber dabei bis zum Geiste hinauf im Grunde dieselben. Auch in ihnen gibt es eine gewisse Differenz der Seins- und Erkenntniskategorien, aber weit geht die Abweichung bei ihnen nicht.[10] Und schließlich muß man hierher auch die Quantitätskategorien zählen, von denen schon gezeigt wurde, daß sie die des Mathematischen sind und als solche noch keinem Bereich des Realen angehören, aber dafür die Gruppe der größten kategorialen Identität bilden.

Das ergibt nun eine Verlängerung des Kategorienreiches »nach unten zu«. Das räumliche Bild will dabei nur dieses besagen, daß die Fortsetzung in Richtung auf das noch Allgemeinere, also auf das Elementare und Primäre geht. Denkt man sich nun im Schema das ganze Kategorienreich symbolisch so angeordnet, daß auf jeder Seinshöhe die Seinskategorien (S. K.) links, die Erkenntniskategorien (E. K.) rechts zu stehen kommen, die Divergenz zwischen ihnen aber als horizontaler Abstand erscheint, während die Vertikale den Stufengang von den einfachsten bis zu den höchsten Kategorien darstellt, so fällt sofort in die Augen, daß [149] die Kurve der Erkenntniskategorien eine S-förmige Gestalt annimmt. Ihre größte Nähe zu den Seinskategorien liegt

---

[10] Auch über sie ist im »Aufbau der realen Welt«, Kap. 23-34, das Nötigste gesagt.

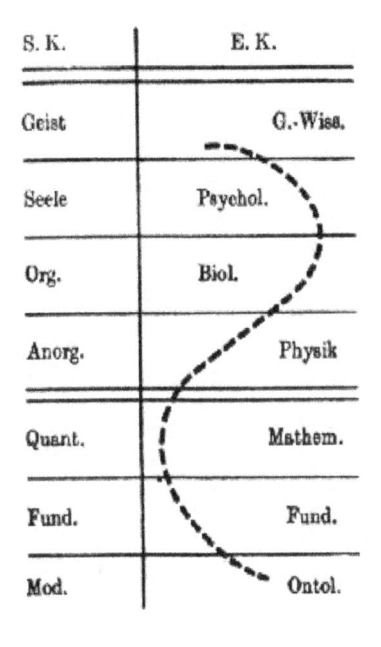

S. K.	E. K.
Geist	G.-Wiss.
Seele	Psychol.
Org.	Biol.
Anorg.	Physik
Quant.	Mathem.
Fund.	Fund.
Mod.	Ontol.

unterhalb der Realitätsgrenze im Gebiet des Mathematischen, hier ist das ideale Verhältnis einer fast totalen Identität erreicht. Nach unten wie nach oben zu nimmt sie ab. Die größte Entfernung von den Seinskategorien haben wir im Gebiet der biologischen und psychologischen Erkenntnis, auffällige Nahstellung dagegen in der physikalischen und geisteswissenschaftlichen. Unter dem Strich macht sich überdies die beträchtliche Zunahme der Entfernung im Bereich der Modalität bemerkbar.

Für das Seiende ist die Abstufung der kategorialen Identität gleichgültig nämlich soweit es selbst gleichgültig gegen das Erkanntwerden dasteht –, für die Erkenntnis dagegen und für den Menschen in seiner Stellung zur umgebenden Welt ist sie ausschlaggebend. Denn kategoriale Identität bedeutet Erkenntnis a priori, diese aber bedeutet Orientierung, Auswertung und Beherrschung.

Von hier aus läßt sich auch die Abstufung der Identität selbst, deren Bild die Kurve ist, aus den Phänomenen ergänzend belegen. Ihr Abfall beim Übergang vom Anorganischen zum Organischen ist in der hohen Kompliziertheit der Lebensprozesse, die sich in manchen Stücken zur Undurchdringlichkeit steigert, deutlich erkennbar. Das Denken des Alltags steht dem Begreifen ihres Wesens ganz fern, aber auch die Begriffe, in denen die Biologie sie zu fassen sucht, sind keine eigentlichen Kategorienbegriffe – gemessen an denen der exakten Wissenschaft. Sie verharren mehr in der bloßen Beschreibung und Zusammenfassung des Beobachteten und dringen nur langsam und mit immer neuen Schwierigkeiten ringend in das dahinterstehende Konstitutive. Die Induktionen bleiben weitgehend unvollständig, weil das eigentlich Prinzipielle sich so leicht nicht aufdecken läßt. Mit Recht sprechen wir bis heute von dieser Wissenschaft als »beschreibender« Naturwissenschaft, wenn es auch wahr ist, daß die Fortschritte des Eindringens in unseren Tagen auf einzelnen Teilgebieten recht bedeutende sind. Die Geheimnisse des morphogenetischen Prozesses sind noch nicht enträtselt, obgleich die Zuordnung einzelner »Gene« in den Chromosomen der Keimzellen zu einzelnen Formteilen des somatischen Baues feststeht; das Wie der Funktion in ihnen verharrt noch im Dunkel.

[150] Das Verhältnis, das Kant seinerzeit als das der »reflektierenden Urteilskraft« entwickelt hat, ist auch heute noch in Kraft. Die »besonderen Gesetze«, die das konstitutive Element bilden und auf die hier die Forschung abzielt, entziehen sich immer noch der Faßbarkeit, und es bedarf nach wie vor des »regulativen Prinzips«, um ihr die Richtung zu weisen. Das eindringende Begreifen behilft sich mit dem »Als ob«, wohl wissend,

daß der erscheinenden Zweckmäßigkeit der Formen und Funktionen kein bestimmendes Zweckprinzip zugrunde liegt.

Das ist in der Begriffssprache der Kantischen Philosophie nichts anderes als das Versagen der kategorialen Identität: es fehlen eben unserem Verstande die maßgebenden Kategorien des organischen Gegenstandes, oder doch wenigstens viele von ihnen, wahrscheinlich die wichtigsten. Und das bedeutet nicht bloß, daß wir sie nicht erkennen, sondern daß sie in unserem Gegenstandsbewußtsein auch nicht unerkannt enthalten sind. Denn das Funktionieren von Erkenntniskategorien in der Gegenstandserfassung hängt nicht an ihrem Erkanntsein, wohl aber kündigt es sich im Gelingen der Gegenstandserfassung an.

Diese Sachlage reimt sich sehr genau mit der anthropologischen Perspektive, welche das »dem-Bewußtsein-Entzogensein« des organischen Geschehens als zweckmäßig für den Organismus verstehen lehrte. Auch der Mensch ist organisches Wesen und als solches mit Instinkten und unbewußten Reaktionen, soweit er sie hat, weit besser an die Lebensbedingungen seiner Umgebung angepaßt, als er es mit durchgehendem Bewußtsein des eigenen organischen Geschehens wäre. Er bedarf also nicht nur keiner weiterreichenden kategorialen Identität auf diesem Gegenstandsgebiet, sondern würde sie auch gar nicht vertragen. Er hat auch hier nur so viel Erkenntnis a priori, wie für ihn zweckmäßig ist, d.h. nur ein Minimum, und ist damit vor der inneren Gefahr seiner Freiheit am besten geschützt.

Biologisch kann man sich das weiter so zusammenreimen, daß ein Wesen mit größerer kategorialer Identität in der Konkurrenz der Lebewesen unterlegen gewesen wäre, sich nicht mit gleichem Erfolg hätte durchsetzen und zu jener Beherrschung der umgebenden Welt hätte aufschwingen können, die für den Menschen charakteristisch ist. Man wird eine solche selektivistische Deutung gewiß nicht auf die Spitze treiben dürfen. Wohl aber zeigt sie, daß es ontologisch einen gewichtigen Grund für das Zurücktreten auch des apriorischen Elements in der Erkenntnis des Lebendigen gibt und daß wir diesen ohne große Schwierigkeit in der Schichtung des Menschenwesens erkennen können, gemäß welcher der Geist einschließlich der Erkenntnis vom Organismus getragen ist. Wenn der Geist auch auf seiner Höhe sich nach und nach die Kategorien der ihn tragenden Grundlage erarbeitet und sie nun zu deren Schutz gebrauchen lernt (in der Medizin etwa), in seinen Anfängen müssen sie ihm doch fehlen, weil sie in seiner Hand die Grundlage gefährden. Die Anfänge aber sind im Werdegang jedes Individuums neu gegeben.

[151] Etwas Ähnliches läßt sich aber auch am Bewußtsein als Gegenstand aufzeigen. Es ist allbekannt, daß die Psychologie eine späte Wissenschaft ist, daß sie heute noch in den Kinderschuhen steckt und gerade erst dabei ist, ihre Grundbegriffe von unten auf zu revidieren. Sie steht heute in den Anfängen dieses Umbildungsprozesses; ob sein Resultat ein affirmatives sein wird, ist nicht vorauszusehen. Aber auch wenn er auf

echtes kategoriales Gut hinausführen sollte, wird das doch nur ein Anfang sein können.

Denn hier waltet ein Verhältnis zwischen erkennendem und erkanntem Bewußtsein, das man als dialektisch bezeichnen kann. Das »Sich selbst im Wege stehen«, von dem oben die Rede war, ist nur die Hälfte davon, diejenige Seite an ihm, welche die Gegebenheit betrifft. Alle Gegebenheit aber betrifft nur die Oberfläche dessen, wovon sie zeugt. Das Begreifen dagegen dringt ein, seine Tendenz ist, das Innere zu erschließen. Und gerade damit hat es am Bewußtsein als Gegenstand seine Schwierigkeit. Das Bewußtsein, ja das Subjekt selbst, kann wohl zum Objekt gemacht werden, aber nicht direkt, sondern nur in der Rückkehr von einem andern her, dem seine unmittelbare Intention zuvor gegolten haben muß.

Das Bewußtsein kann nur aus der Distanz zu sich selbst her zum Selbstbewußtsein werden. Oder auch so: das Selbstbewußtsein vollzieht sich nur in der Entfernung zu sich selbst. Erkenntnis besteht nur in der Gegenstellung zum Objekt; ist ihr eigenes Subjekt das Objekt, so wird die Gegenstellung aufgehoben: dann »ist« sie zwar, was sie erkennen wollte, aber sie erkennt es nicht. Tritt sie aber in Distanz zu ihm, so erkennt sie zwar, aber nicht mehr sich selbst.

Diese Dialektik ist deutlich aufweisbar im Wissen um die Bewußtseinsakte, und zwar nicht bloß um die transzendenten. Und sie betrifft das »begreifende« Element dieses Wissens, keineswegs bloß das der Gegebenheit. Sie bezieht sich also auf das dahinterstehende Kategorienverhältnis. Die Vorstellung z.B. ist auf einen gegenständlichen Inhalt gerichtet, das Begreifen der Vorstellung aber lenkt von diesem ab und zurück auf sie selbst. So kann der Akt vom Gegenstande aus als dessen subjektives Korrelat begriffen werden, nicht aber als das, was er im Vollzuge selbst ist. Denn der Vollzug ist im Gegenstande (auch dem inneren, intentionalen) nicht greifbar. Daß Akt und gegenständlicher Inhalt eine strenge Korrelation bilden, ist ein apriorischer Satz (als solcher z.B. von Husserl geltend gemacht); man kann ihn auch weiter ausspinnen als feste Bezogenheit von νόησις [Bewusstseinsakt] und νόημα [Bewusstseinsinhalt] aufeinander. Das bedeutet noch nicht, daß wir vom Inhalt (dem intentionalen Gegenstande) aus auch die besondere Struktur des Aktes begreifen; denn daß seine Struktur in der des Inhalts mitgegeben sei, ihr ähnlich, ja auch nur vergleichbar sei, ist in jenem apriorischen Satz nicht gesagt. Meint man diesen Satz aber so, daß sie wohl mitgegeben sei, so wird er selbst, der Satz, zu einem völlig unbegründeten; er ist dann weder in sich selbst noch aus irgendetwas anderem heraus evident.

[152] Nun ist es wohlbekannt, daß die phänomenologische Aktanalyse fast auf der ganzen Linie vom Inhalt auf den Akt schließt, oder auch ohne ausdrückliches Schließen die Struktur überträgt, in Analogie bringt und gegenständlich verbildlicht beschreibt. Es ist dafür einerlei, ob der Akt ein auffassender, fühlender, wollender, wertender oder ein Gesinnungsakt ist. Immer gibt es ein gegenständliches Korrelat, und immer bietet sich die Rückübertragung der Wesenszüge von diesem aus

an. Was man auf diese Weise gewinnt, ist ein reiches Material des Beschriebenen. Aber ob das Beschriebene das Subjektive und eigentlich Aktmäßige ist, bleibt völlig unentschieden. Und ein Korrektiv dafür, an das wir uns zur Kontrolle halten könnten, gibt es nicht.

Es ist offenkundig die kategoriale Identität, die hier versagt. Man sieht das schon an der Apriorität des Husserlschen Satzes. Man kann es aber auch daran sehen, daß die in diesem Verfahren ausgewerteten Strukturmomente des Gegenstandes weitgehend schon einem höheren Seinsbereich angehören, dem des Geistes; wie denn die herangezogenen Akte alle bereits dem geistigen Bewußtsein angehören und vom objektiven Geiste, in den das Individuum hineinwächst, überformt sind. Dort aber herrscht in der Tat ein anderes Verhältnis der Kategorien, und es ist sehr verständlich, daß der Mensch in seiner Ratlosigkeit dem rein Subjektiven gegenüber sie auf dieses überträgt. Gegen die Übertragung ist gewiß auch nichts einzuwenden. Aber was sie dem Forscher einbringt, ist ein Formmoment geistig-objektiver Prägung, das sich über den Akt legt; sie macht diesen damit allerdings greifbar, nur trifft sie nicht das seelische Geschehen des Aktes selbst.

Daß das geistige Leben als Gegenstandsgebiet der apriorischen Erkenntnis weitgehend zugänglich ist, ergibt sich schon aus der reichen Entfaltung der Geisteswissenschaften. Diese Entfaltung ist zwar eine späte, aber dafür um so mächtigere. Wäre die kategoriale Identität an unser Wissen um die Kategorien gebunden, so könnte man meinen, sie sei auch hier nur eine geringe;

und dann müßte auch unser Verstehen geistiger Strömungen in der Geschichte, unser Begreifen rechtlicher, sittlicher, politischer oder religiöser Verhältnisse ein eng begrenztes sein. Denn von den Kategorien geistigen Seins ist uns bis heute noch wenig bekannt. Bis zum Ausgang des 18. Jahrhunderts hat sich die Philosophie auch kaum um sie gekümmert. Die ältere ontologische Forschung hatte noch nicht begriffen, daß geistiges Leben ein Seinsgebiet von ebenbürtiger Realität ist; Kant beschränkte sich bewußt auf die Kategorien der Naturwissenschaft, und selbst die entscheidende Grundkategorie des »objektiven Geistes« ist erst von Hegel entdeckt. Sogar diese konnte nicht ohne weiteres zur Anerkennung gelangen, weil Hegel selbst ihr eine spekulative metaphysische Deutung (als Substanz) gegeben hatte, die dem Phänomen nach gar nicht auf sie paßte, aber um so mehr seine große Bedeutung verdunkelt hat.

Erst in unseren Tagen beginnt langsam die bewußte Umschau nach den Kategorien des Geistes, aber sie steckt noch in den Anfängen; und [153] es wird noch viel phänomenologische und analytische Arbeit nötig sein, um sie vorwärts zu bringen. Aber diese Rückständigkeit des Wissens um die Kategorien ändert nichts an ihrem Vorhandensein und auch nichts an der kategorialen Identität und der mit ihr gegebenen Reichweite des Begreifens. Es ist damit grundsätzlich hier nicht anders als in den Naturwissenschaften, deren geschichtlich alte und stetig fortschreitende Arbeit durch das Nichtwissen um ihre Kategorien nicht gehindert war. Überhaupt muß hier grundsätzlich daran erinnert werden, daß alles Wissen um Kategorien – und zwar sowohl Seins- wie Erkenntniskategorien – sekundär ist, während ihr Bestehen im Sein wie in der Erkenntnis unerkannt vorhergeht.

Dieses besonders nachzuweisen, ist gerade im Gebiet der Geisteswissenschaften unnötig, da der hohe Einschlag begreifender Erkenntnis in ihnen außer Frage steht. Begreifen aber ist niemals Sache der Gegebenheit, sondern kategoriale Leistung höherer Synthesen, die vom erkennenden Bewußtsein vollzogen werden müssen. Und gerade diese Art Leistung ist in den Geisteswissenschaften zur Genüge aufweisbar. Der sprechende Beleg dafür ist der von Dilthey nachgewiesene Anteil des, »Sinnverstehens« auf diesem Gebiet, und zwar nicht nur in der reinen Geisteswissenschaft, sondern ebenso in der Wissenschaft vom Recht, vom Staat, von der Kultur, von der Religion, Kunst, Moral, vom Lebensstil u.a.m. Es braucht hier auch nicht diskutiert zu werden, was »Sinn« ist; die enge Verwandtschaft aller Sinngehalte mit dem, was wir Werte nennen, ist nicht zu bestreiten, und von den Werten wiederum hat sich zur Genüge gezeigt, daß sie nicht empirisch gegeben, sondern in ihrer Reinheit nur a priori einsichtig sind.

Will man aber ein schlagendes Beispiel anderer Art für die hohe kategoriale Identität im Gebiete des Geistes haben, so liegt ein solches in der Kategorie des Zweckes vor. Nur der Geist kann Zwecke setzen und verwirklichen, denn nur dem geistigen Bewußtsein steht der Vorgriff in die Zukunft offen, und nur er kann Mittel für die Verwirklichung eines »Vorgesetzten« seligieren. Auf dieser Fähigkeit beruht alle Macht des Geistes über die Seinsverhältnisse der umgebenden Welt, alle Überlegenheit des Menschen über sie, alles Handeln und Wollen, ja alle eigentliche Aktivität überhaupt. Diese Kategorie also ist Geisteskategorie im eminenten Sinne, und zwar sowohl als Realkategorie wie als Erkenntniskategorie. Denn einerseits bestimmt sie im weitesten Maße das reale Verhalten des geistigen Wesens, andererseits wird durch sie auch das Verhalten fremder Personen und ganzer Gemeinschaften von solchen verständlich. Und insofern liegt sie auch dem historisch-kulturellen Sinnverstehen bereits überall zugrunde.

Das eine zentrale Beispiel mag genügen. Es ist noch insofern von besonderem Gewicht, als es die für den Geist entscheidende Determinationskategorie betrifft – im Gegensatz zu den Determinationsformen der niederen Seinsgebiete. Von diesen kennen wir nur die des physisch Materiellen, die Kausalität, genauer; die des organischen und des seelischen [154] Seins sind uns tief verborgen. Und auch darin spiegelt sich greifbar die Kurve der begreifenden Erkenntnis und ihres Apriorismus. Denn wenn auch die kategoriale Identität nicht an unserem Wissen um die Kategorien hängt, so ist dieses Wissen doch seinerseits durch sie mitbestimmt, und es ist a priori unwahrscheinlich, daß wir eine Kategorie als solche erkennen, die in unserem Verstande gar nicht vertreten ist. –

Was oben vorweggenommen wurde, die Rückkehr der Identitätskurve aus der Entfernung der Erkenntniskategorien von den Seinskategorien in den mittleren

Gegenstandsgebieten zu größerer Nähe und Übereinstimmung im Gebiete des Geistes, hat sich in den Grenzen der hier möglichen Überschau bestätigt. Das Gesamtbild einer Abstufung der Erkennbarkeit in der Schichtenfolge des Seienden rundet sich damit ab. Es ist dasselbe Bild in der Gegebenheit wie im Begreifen, letzten Endes also dasselbe in der aposteriorischen wie in der apriorischen Erkenntnis.

Dieses überraschend einfache Resultat darf einen nicht über seine Hintergründigkeit täuschen. Es hängen beträchtliche Konsequenzen, bis in die Methodologie der verschiedenen Wissenschaftszweige hinein, an ihm. Es ist weder ein selbstverständliches noch auch ein zufälliges. Die Parallelität der Kurven hat vielmehr ihre sehr bestimmten Gründe, und diese sind keine erkenntnistheoretischen mehr, sondern anthropologische, und letzten Endes ontologische. Sie liegen in dem schon bei der Gegebenheit aufgezeigten Verhältnis des Menschen zu den ontischen Stufen des Gegenstandes, sofern diese auch die tragenden Seinsschichten des erkennenden Geistes sind.

Denn eben bei dem Getragensein des Geistes von ihnen liegt der Grund jener Parallelität. Die Erkenntnis dient dem Sichzurechtfinden des Menschen in der umgebenden Welt, und diese liegt bei den Dingen und den mitlebenden Menschen; die letzteren aber sind geistig personale Wesen. Dem Organismus und dem seelischen Geschehen gegenüber ist das Sichzurechtfinden nicht so aktuell; ja, es zeigte sich sogar, daß es hier lebenshemmend sein kann, so daß der getragene Geist sein

Fundament angreifen würde. So ist es verständlich, daß nicht nur die empirische Gegebenheit, sondern auch der Apriorismus des Begreifens auf diesen Gegenstandsgebieten eingeschränkt ist. Ob die Einschränkung durchbrochen, die apriorische Einsicht auch auf den mittleren Seinsgebieten erweitert werden kann, ist eine andere Frage. Zu ihrer Lösung bedarf es noch eines anderen Zuganges.

Darüber hinaus kann man hier noch die Anzeichen eines Erkenntnisgesetzes feststellen, das mit dem anthropologischen Hintergrund der Abstufung offenkundig zusammenhängt: je größer der Einschlag der intentio obliqua, um so geringer ist das Maß der Gegebenheit und der kategorialen Identität; und je größer der Spielraum der intentio recta, um so größer wird das Maß beider. Das Vorherrschen der natürlichen Richtung »nach außen« bedeutet für beide Stämme der Erkenntnis einen Vorteil, die reflektierte für beide einen Nachteil.

V

[155] Mit dieser Differenzierung des Erkenntnisverhältnisses nach den Seinsgebieten des Gegenstandes gehen indessen noch andere Arten der Abwandlung Hand in Hand.

Die eine von diesen ist die Verschiebung der Indifferenz des Seienden gegen sein Erkanntwerden – oder, was dasselbe ist, gegen sein Gegenstandwerden für ein erkennendes Subjekt. Der Sinn dieser Indifferenz ist, daß ein Seiendes als solches sich weder gegen das Erkennen wehrt, das sich ihm zuwendet und es zur »Objektion« bringt, noch auch danach verlangt. Es kommt dem Erkennen nicht entgegen, aber es entzieht sich ihm auch nicht. Das ist die einfache Folge davon, daß die Erkenntnis sich zu ihrem Gegenstande nicht aktiv oder »spontan« verhält, sondern grundsätzlich »rezeptiv« (d.h. empfangend). Es wurde oben gezeigt, wie diese Rezeptivität gegen ihn sich sehr wohl mit Spontaneität gegen das Erkenntnisgebilde verträgt. Die Vorstellung des Gegenstandes, der Begriff, die Theorie wird vom Subjekt geleistet, vollzogen, und in diesem Vollzuge kommen die Synthesen zustande, die schließlich das Gesamtbild ergeben. Aber auch das Gesamtbild ist und bleibt Erkenntnisgebilde im Bewußtsein und wird nicht zum Gegenstande. Das Gegenüber von Gegenstand und Vorstellung wird niemals aufgehoben.

Das ist tief im Wesen des Erkenntnisverhältnisses verwurzelt, das nie aufhört, ein transzendentes – und das bedeutet, ein Seinsverhältnis – zu sein. Das Sein des Gegenstandes ändert sich nicht durch sein Erkanntwerden, weder dem Dasein noch dem Sosein nach. Es ist auch, wo die Erkenntnis ihn nur teilweise erfaßt, diesseits und jenseits der jeweiligen Erkenntnisgrenze ein und dasselbe; und dasselbe gilt auch von der zweiten Grenze, die im Hintergrunde der ersten liegt, der Erkennbarkeits- oder Rationalitätsgrenze. Es ist nicht so, wie Kant es sich dachte, daß das Ansichsein erst jenseits der Erkennbarkeitsgrenze beginnt; auch der erkennbare und der jeweilig erkannte Teil des Gegenstandes ist in gleicher Weise seiend, und zwar eben weil er sich gleichgültig gegen sein Erkanntsein verhält. Jede Grenze dieser Art ist eine bloß gnoseologische[11], keine ontologische. Denn alles was »ist«, ist an sich auch erkennbar; es bietet sich dem Erkennen dar, wo und wie auch immer ein erkennendes Subjekt die Fähigkeit aufbringt, es sich zum Gegenstande zu machen. »Für uns« kann es trotzdem ein teilweise Unerkennbares sein, insoweit wir nämlich die Fähigkeit nicht haben (z.B. die Kategorien nicht haben), es zu erfassen. Ein Intellekt, der sie hätte, würde vom Gegenstande nicht daran gehindert werden.

Diesen primären Sinn der gnoseologischen Indifferenz des Seienden gegen die Erkenntnis muß man festhalten. Er bildet die Voraussetzung für das Phänomen, das jetzt in die Beobachtung zu ziehen ist. Dieses ist ein sekundäres und hebt das Grundverhältnis nicht auf.

[156] Denn es legt sich darüber ein zweites Verhältnis, in dem es eine Grenze der Indifferenz gibt. Praktisch nämlich sind schon die höheren Tiere nicht ganz gleichgültig gegen das Erkanntwerden. Wohlbekannt ist ihre »Scheu« vor dem Blick des Menschen. Aber auch ohne eigentliches Bedrohtsein gibt es an ihnen die Tendenz, sich zu verbergen, ja selbst die bloße Reaktion in ihrem Verhalten, wenn sie sich beobachtet fühlen. Hier ist der Gegenstand der Erkenntnis nicht mehr gleichgültig gegen sein Erkanntwerden, sondern sucht sich ihm zu entziehen. Oder aber er ändert sich sonstwie durch das

---

[11] [Hartmann verwendet in seinen Schriften sehr häufig den Ausdruck »gnoseologisch«. Dieser ist gleichbedeutend mit »erkenntnistheoretisch«.]

Wissen um sein Erkanntsein. Der Hund benimmt sich anders unter dem Blick des Herrn, ja er schaut nach ihm hin, um zu sehen, ob er beobachtet ist, und verhält sich dementsprechend.

Nun ist auch der Mensch Gegenstand der Erkenntnis. Und sein Bewußtsein ist als geistiges noch ganz anders empfindlich gegen das Erkanntwerden. Im Zusammenleben der Menschen ist das Sicherkanntwissen ein durchgehend bestimmender Faktor des menschlichen Verhaltens. Der Mensch kann sich weitgehend dem Erkanntwerden entziehen. Er kann sein Inneres nicht nur passiv verbergen, seine wahren Absichten oder Gesinnungen »für sich behalten«, sondern auch aktiv etwas ganz anderes vortäuschen, er kann sich eine Pose, eine Maske geben, kann den Mitmenschen irreführen. Und er macht im Leben umfänglichen Gebrauch davon, und zwar keineswegs bloß aus böser Absicht, um ein lichtscheues Tun zu bemänteln, sondern auch harmlos in der bloßen Tendenz, das Eigene und Innere für sich zu behalten, das keinen anderen etwas angeht, es der Neugier oder Zudringlichkeit zu entziehen.

Hier aber begegnet er der entsprechenden Fähigkeit des Gegenspielers, ihn zu durchschauen. Auch diese Fähigkeit – es ist echte Erkenntnisfähigkeit – braucht man nicht von vorn herein auf ein geistiges bellum omnium contra omnes hinauszuspielen, obwohl es sich in gewissen Fällen entsprechend der Aktualität gewisser Situationen zu einem wahren Kampf der Geister auswachsen kann. Der Einzelne ist vielmehr stets darauf angewiesen, sich in der Sphäre der Personen, mit denen er es zu tun hat, auszukennen, zu orientieren, um die Situation, in der er steht und sich verhalten muß, richtig zu verstehen. Die Situation mit Personen ist stets wesentlich durch deren innere Einstellung, ihre Interessen, Absichten, Hoffnungen, Wünsche, Befürchtungen bestimmt. Wer diese versteht, kann auch richtig handeln, nicht nur gegen, sondern auch für den anderen; wer sie nicht erfaßt, wird auch beim besten Wollen fehlgehen.

Es ist eine ganze Seite des Menschenlebens, die in dem Wechselspiel von Sich-Verbergen und Durchschauen besteht. Und es läßt sich darum streiten, welches der beiden Gegenglieder im Ringen um die Oberhand im Vorteil ist. Grundsätzlich gibt es wohl für jedes Verstecken das überlegene Durchschauen, und ebenso umgekehrt. Denn auf beiden Seiten kommt es auf die geistige Überlegenheit an, für die es natürlich keine [157] absoluten Grenzen gibt. Darum hängt an solcher Überlegenheit stets ein so großes Interesse. Und eben dieses Interesse ist es, das der Indifferenz des Gegenstandes – denn hier ist jedermann Gegenstand – radikal entgegensteht.

Und nicht nur im Negativen, d.h. im Sinne der Abwehr, gibt es die Aufhebung der Gleichgültigkeit gegen das Erkanntwerden, sondern auch im positiven Sinne. Es gibt auch ein Erkanntwerden-Wollen, ja die Sehnsucht, »verstanden zu werden«. Das Unerkanntbleiben kann schmerzhafte Verkennung, ja drückende innere Einsamkeit bedeuten. Vielleicht ist das stille Sehnen des Menschenherzens nach dem verstehenden Blick, nach Würdigung und adäquatem Zur-Geltung-Kommen, im ganzen gesehen, um nichts geringer als die Tendenz, sich zu verbergen. Denn an ihm hängt das stärkere Moment der Sinnerfüllung.

Wie dem aber auch sei, das Gegengewicht zur gnoseologischen Indifferenz ist am Menschen in einer überwältigenden Fülle von wohlbekannten Phänomenen gegeben. Die Frage ist also, wie sich diese Phänomene mit der grundsätzlichen Gleichgültigkeit des Erkenntnisgegenstandes reimen. Soll man die Konsequenz ziehen, daß die Indifferenz selbst im Bereich möglicher Erkenntnisgegenstände nach oben zu – in Richtung auf die höheren Seinsschichten – abnimmt und zuletzt ganz aufhört? Oder waltet hier ein zweites, ganz anderes Verhältnis, das sich in das Erkenntnisverhältnis hineinmischt und es modifiziert?

Es läßt sich zeigen, daß letzteres zutrifft und die gnoseologische Indifferenz bestehen bleibt. Das kündigt sich schon darin an, daß alles Sich-Verbergen seine Grenze im ungewollten Sich-Verraten findet. Worte, Taten, jedes menschliche Verhalten, sogar das Verbergen selbst, ist transparent. Der Mensch kann nicht hindern, daß er sich darbietet; es kommt nur darauf an, ob der Gegenspieler im Leben den Blick, die Einsicht, die Menschenkenntnis dafür hat. Auch dort, wo die größte Freiheit des Ausdrucks herrscht, im Wort – denn was ist leichter als Lügen – reißt dieses Ausgesetztsein nicht ab. Wir denken im Leben selten daran, daß es im Wesen der Rede liegt, nicht nur das zu sagen, was die Worte bezeichnen, sondern stets auch etwas über die redende Person, von der sie nicht handelt. Noch weniger denkt, wer durch das Wort etwas entstellt, daran, daß Lügen nichts weniger als leicht ist, daß hohe Lebenskunst und Konsequenz dazu gehören, wenn es nicht in sein Gegenteil umschlagen und seine sprichwörtlichen »kurzen Beine« erweisen soll.

Aber das ist nur eine äußere Grenze der Gegenwehr. Entscheidend ist hier etwas anderes. Das ganze interpersonale Verhältnis, in dem es die Abwehr der Erkenntnis gibt, ist kein Erkenntnisverhältnis. Es ist ein von Grund aus anderes, ein praktisches Verhältnis, in dem ganz andere Mächte ins Spiel kommen. Man faßt es noch zu oberflächlich, wenn man es als ein Verhältnis der Absichten, Zwecke, Interessen oder Gesinnungen versteht. Das Grundmoment in alledem ist vielmehr das in alle praktischen Situationen hinein verflochtene Mitwissen um einander sowie das mannigfach abgestufte und oft nur ahnende Wissen der Menschen [158] um dieses Mitwissen. Bis in die subtilsten Tönungen im eigenen Verhalten ist der Einzelne durch das begleitende Bewußtsein fremden Mitwissens bestimmt, gewissermaßen durch das Leben unter den Augen der Mitlebenden.

Eben dieses Bestimmtsein ist aber weit entfernt, ein reines Erkenntnisverhältnis zu sein. Die ganze Mannigfaltigkeit praktischer Aktualität, der Situationen und Konflikte, Spannungen und Lösungen bildet hier das Grundelement. Der Einschlag der Erkenntnis ist ganz in diese Aktualität hineingezogen, ist ein durchaus dienendes Element in ihr. Sie ist Mittel zu Zwecken, die nicht die ihrigen sind, Mittel der Überlegenheit, der Beherrschung, der Situationsgestaltung und Auswertung jeden Vorteils. Alle diese praktischen Beziehungen stehen der gnoseologischen Indifferenz himmelfern. In ihnen allen ist ein Moment der Handlung enthalten; als Gegenstand der Handlung aber – d. h. als der von ihr Betroffene – ist der Mensch natürlich nicht gleichgültig gegen den auf ihn gerichteten Akt.

Von dieser Sphäre der Aktualität aus empfängt die in sie hineingezogene und ihr dienstbare Erkenntnis die Einschränkung der Indifferenz, und im extremen Falle ihre Aufhebung. Aber die Modifikation ist nicht die ihrige, sondern das Werk eines ganz anderen Verhältnisses. Freilich ist es auch ein falsches Bild, wenn man nun meint, diese ganz andere Sphäre von Beziehungen lege sich nur sekundär über sie, und die Modifikation sei eine nachträgliche. Denn die Sphäre des Aktuellen ist gerade das Ursprüngliche, und erst durch den Druck der Lebenswichtigkeit entwickelt sich die Erkenntnis; ja erst spät macht sie sich von ihr frei und wird selbständig. Aber das ändert nichts daran, daß nicht sie als solche den Menschen als Gegenstand beeinflußt und wie ein Handeln an ihm trifft. Alles solche Treffen hängt vielmehr an den primären Beziehungen des Handelns selbst – und alles dessen, was von gleicher Aktivität ist, – und selbst das Bewußtsein des Mitwissens ist nur darum von solchem Gewicht, weil in ihm die Chance fremder Aktivität gegen die eigene Person vorweggenommen ist.

Die Probe auf das Exempel ist, daß es auch ein stilles, anteilhabendes und nicht in das Getriebe zurückwirkendes Mitwissen des gereiften Menschen gibt, ein solches, das da nicht ausnutzt und niemanden Überlegenheit fühlen läßt. Das mag in voller Reinheit ein seltener Fall sein. Aber menschenunmöglich ist es nicht.

Die Stufenfolge der nach oben hin – auf den Geist zu – abnehmenden Indifferenz darf hiernach etwa folgendermaßen gefaßt werden. Von Hause aus dient alle Erkenntnis praktischen Zwecken; in diesem weiten Sinne gibt es überhaupt kein Unberührtbleiben des Gegenstandes von ihr. So ist auch die gnoseologische Indifferenz nicht gemeint. Sie gilt eben nicht für das, was anthropologisch als treibendes Motiv hinter der Erkenntnis steht, sondern durchaus nur für sie selbst. Auf den Gegenstandsgebieten niederer Seinsschicht aber löst sich das Erkennen relativ leicht von der Lebensaktualität ab. Deswegen tritt die Indifferenz [159] des Gegenstandes hier ohne weiteres zutage, so schon im Beobachten und vollends in der Naturwissenschaft, wo sie so gut wie rein greifbar ist. Beim Organischen hat die Natur selbst für Abwehr der Erkenntnis gesorgt, doch bleibt diese auf gewisse Anfangsstufen der Erkenntnis beschränkt. Fühlbar macht sich der Widerstand des Gegenstandes gegen das Erfassen erst beim Bewußtsein, und zumal beim geistigen; hier ist alles Erkennen durch ihn gehemmt, der Gegenstand wird zum Gegenspieler mit gleicher Fähigkeit und setzt die eigene Erkenntnis zur Abwehr ein. Aber diese Abwehr – oder auch umgekehrt das bewußte Sichöffnen und Sichdarbieten – ist keine Funktion der Erkenntnis selbst, sondern jener selben praktischen Lebensaktualität, aus der sich das. Naturerkennen so leicht losreißt. Nur daß das interpersonale Erkennen sich nicht so leicht aus ihm heraushebt. Wo aber das

Erkennen nicht frei wird, da bleibt auch die ihm allein eigentümliche Indifferenz des Gegenstandes verdeckt. Sie ist im Getriebe des Menschenlebens verschwunden.

Dieses Minimum, das sie an der Einzelperson als Gegenstand erreicht, wird aber im Gegenstandsfelde des objektiven Geistes wieder überschritten. Die Sprache, das Recht, die Moral, die Kunst leisten dem eindringenden Erkennen keinen Widerstand mehr, und vollends der geschichtliche Gegenstand steht in völliger Gleichgültigkeit gegen das »historische« Erfaßtwerden da. Das entspricht seiner vollkommenen Enthobenheit allem aktiven Zugriff gegenüber. Und die Schwierigkeiten, die er dem erfassenden Eindringen bereitet, haben mit Gegenwehr nichts mehr zu tun. Nur das Erkennen selbst hat hier mit der Einmischung bewertender Beurteilung zu ringen. Aber das ist kein Ringen mit dem Gegenstand, sondern ein solches des erkennenden Subjekts mit sich selbst.

Die Kurve der Indifferenz kehrt also nach oben zu doch schließlich wieder in die Nähe ihrer natürlichen Ausgangsposition zurück. An ihrem unteren und oberen Ende ist die Indifferenz des Gegenstandes am größten, in den mittleren Schichten tritt sie bedeutend zurück. Die Ähnlichkeit mit der Kurve der Gegebenheit und der des Begreifens fällt in die Augen. Und man könnte nun denken, daß alle drei Abstufungen im Grunde nur eine und dieselbe seien; was dann weiter den Schluß nahelegen könnte, daß eine einzige einheitliche Abwandlung des Erkenntnisverhältnisses zugrunde liegen müsse. Und da wäre man dann nicht mehr weit davon entfernt, die dritte Abwandlung, die der Indifferenz, als die zugrunde liegende anzusehen; denn sie basiert auf der Verwurzelung der Erkenntnis im aktuellen Lebenszusammenhang, der ja als tragender Boden alles Erkennens gelten muß, während die kategoriale Identität und die empirische Gegebenheit anthropologisch nur als Anpassungen an das Bedürfnis des Geistes, sich in eben derselben natürlichen und menschlichen Umgebung zu orientieren, aufzufassen sind, in denen auch jener Lebenszusammenhang sein Bestehen hat.

Vor solchen Schlüssen muß man indessen doch auf der Hut sein. Schon die beiden ersten Kurven fallen nur annähernd zusammen. Die dritte aber weicht doch beträchtlich von ihnen ab. Die gnoseologische [160] Indifferenz ist dort, wo die kategoriale Identität am geringsten ist, im Gegenstandsbereich des Organischen, nur wenig beeinträchtigt, nämlich nur so weit, als das Wissen und die Willkür des Bewußtseins biologisch unzweckmäßig sind. Sie hat dort auch noch gar nicht den Charakter eigentlicher Abwehr; wie denn die organischen Prozesse von der höheren, wissenschaftlichen Erkenntnis auch nicht beeinflußt werden. Und umgekehrt ist das Versagen unmittelbarer Gegebenheit im Gebiet des Seelischen offenbar ganz anders bedingt als durch die praktische Aktualität; denn diese betrifft den Einblick in das fremde Bewußtsein, und zwar wesentlich auf der Höhe des geistig-personalen Bewußtseins, jenes dagegen spielt im Selbstbewußtsein der eigenen Person und ist am stärksten dort, wo die reflexive Einstellung noch unentwickelt ist.

Die Abwandlung des Begreifens und der Gegebenheit zeigt also bei näherem Zusehen ein ganz anderes Gesamtbild als die der gnoseologischen Indifferenz. Und jedenfalls läßt sie sich nicht auf die letztere zurückführen. Das würde freilich noch nicht hindern, daß hinter der oberflächlichen Ähnlichkeit der drei Kurven ein gemeinsamer Grund steckte. Soweit aber sind die einschlägigen Phänomene noch nicht entfernt geklärt, um solch einen Grund aufzudecken. Für die Entscheidung darüber wird unser Wissen einen anderen, gereifteren Stand der Forschung abzuwarten haben.

Bis dahin aber gilt es noch mancherlei zu tun, manches auch, was sehr wohl schon im heutigen Stadium in Angriff genommen werden kann. Zu den Aufgaben der letzteren Art zählt die vierte Differenzierung des Erkenntnisverhältnisses: diejenige, die im Dominieren einzelner Kategorien oder Kategoriengruppen in der Erkenntnis, sowie im zeitlichen Wandel der Dominanz besteht. Die Abwandlung aber, um die es hierbei geht, ist nicht mehr einfach eine solche nach Gegenstandsgebieten, sondern zugleich, und noch viel mehr, eine solche nach geschichtlichen Stufen und Zeitaltern.

VI

Denn die Erkenntnis steht nicht still. Sie bewegt sich auch nicht nur in dem Sinne fort, daß sie inhaltlich vorwärtskommt, das Bild der Welt erweitert und vertieft, sondern auch in dem andern Sinne, daß ihr eigenes Tun sich ändert, mit anderem Werkzeug arbeiten lernt, ja dieses Werkzeug erst erschafft, erfindet, an ihm verbessert und feilt.

Das Werkzeug sind die Erkenntniskategorien. Der Mensch wird nicht mit ihnen geboren, sie sind keine ideae innatae [eingeborenen Ideen]. Aber wenn sie auch erst mit der Erfahrung sich im Bewußtsein entfalten, so greifen sie ihr doch auch wieder in rätselhafter Weise vor; denn die fortschreitende Erfahrung setzt sie schon voraus. Das ist ein altbekanntes Verhältnis. Aber weniger bekannt ist, daß es auch einen Wandel, ja in gewissen Grenzen einen Wechsel der Kategorien gibt. Dafür ist die Geschichte der menschlichen Erkenntnis und nicht nur der wissenschaftlichen der Beleg.

[161] Vor allem weiteren müssen hier aber zwei Einschränkungen gemacht werden. Erstens kann aller kategoriale Wandel natürlich nur die Erkenntniskategorien betreffen, nicht die Seinskategorien. Die letzteren liegen fest, sie bilden das invariante Gegenglied der Erkenntniskategorien; und wenn der Wandel der letzteren eine Annährung an sie bedeutet, so bilden sie die Grenzwerte, auf die hin die Näherung tendiert. Das wiederum bedeutet nicht, daß die Seinskategorien gar keines Wandels fähig wären, nur schreitet der Wandel an ihnen nach einem anderen Gesetz und hat einen anderen Sinn: so müssen z.B. die Kategorien der Gemeinschaft andere werden, wenn geschichtlich neue Formen des Staates sich herausbilden, – wenn also etwa die πόλις [Polis] vom Nationalstaat, der Nationalstaat vom Weltreich abgelöst wird. Das läßt sich freilich nicht auf alle Seins-

schichten übertragen, aber es beweist doch, daß auch bei den Seinsprinzipien kein absoluter Stillstand waltet. Und vielleicht ist der zeitliche Werdegang der Welt von den Atomen bis zum Geistesleben als periodisches Einsetzen neuer Kategoriengruppen zu verstehen.

Wie dem aber auch sei, nicht ein solches Neueinsetzen von Seinskategorien ist hier gemeint, sondern nur der Wandel der Erkenntniskategorien, und zwar gerade im Hinblick auf gleichbleibende Seinskategorien.

Zweitens aber handelt es sich auch nicht um alle Erkenntniskategorien, sondern nur um die des Begreifens. Einst hatte Kant die letzteren – er nannte sie »reine Verstandsbegriffe« – von den Anschauungsformen (Raum und Zeit) durch einen scharfen Grenzstrich getrennt. Wenn diese Abtrennung auch vielleicht zu schroff war – denn auch die Verstandesbegriffe sind ja letzten Endes Formen einer Schau, nur eben einer höheren –, so bleibt doch etwas Richtiges daran: die Anschauungsformen verändern sich nicht, unterliegen keinem geschichtlichen Wandel, können auch nicht durch irgendwelche anderen Formen ersetzt werden; oder, anthropologisch gesprochen, sie sind uralte, schon im geistlosen Bewußtsein verwurzelte Sehweisen, sind schon in der Wahrnehmung enthalten (als deren Bedingungen) und funktionieren im Bewußtsein ganz unwillkürlich. Sie werden nicht erst »angewandt«. Verstandeskategorien dagegen werden »angewandt«; d.h. sie können angewandt oder auch nicht angewandt werden. Ihr Gebrauch ist in gewissem Grade in die Willkür des Menschen gestellt. Sie können auch falsch angewandt werden, nämlich auf Gegenstände, auf die sie nicht zupassen; in diesem Falle entsteht statt der Erkenntnis der Irrtum. Und selbst wenn eine Kategorie auf bestimmtem Gegenstandsgebiete die zutreffende ist, so kann sie doch immer leicht über die Grenze ihrer Reichweite hinausbezogen werden, dorthin, wo am Gegenstande ganz andere Kategorien die maßgebenden sind.

Auf solcher Willkür des Verstandes im Kategoriengebrauch beruht nach Kant alle spekulative Metaphysik. Darum richtete sich gerade gegen sie der Gedanke der »Kritik«; darum auch ist die Frage der »objektiven Gültigkeit« nur gegen den Mißbrauch der Verstandeskategorien [162] gerichtet, und nur für sie wird eine »transzendentale Deduktion« zum Zweck ihrer »Restriktion« notwendig. Nun aber ist doch soviel klar, daß man durch Kritik nur solche Kategorien »restringieren« kann, deren »Gebrauch« in unsere Freiheit gestellt ist. Um diese Freiheit aber geht es hier. An ihr wird, wie an einem ersten Phänomengliede die Beweglichkeit der Verstandeskategorien, und zwar gerade als spontane, greifbar.

Hier also ist der Spielraum jenes Wechsels, durch den sich variable von konstanten Kategorien unterscheiden. Zur konkreten Perspektive gestaltet sich der Gegensatz, wenn man bedenkt, daß anthropologisch gesehen die Erkenntnis überhaupt als Anpassung des Geistes an die schon vorbestehende Welt, in der er als spätes Glied sich entfaltet, zu verstehen ist. Man darf nur die Anpassung nicht eng biologisch nehmen, denn sie setzt sich in der Geschichte fort, die ja nichts anderes ist als derjenige spät einsetzende Abschnitt des Weltgeschehens, in welchem der Mensch einschließlich seines Geisteslebens die Ereignisse mitbestimmt. Hier ist die Erkenntnis der Faktor der Orientierung in der Welt, zwar zunächst immer nur in der jeweilig gewordenen (geschichtlichen) Weltlage, zu der jederzeit auch die eigene geistige Situation des Menschen gehört, mittelbar aber doch auch immer in der Welt überhaupt, von unten auf und als ganzer. Orientierung dieser Art ist ihrem Wesen nach zugleich mehr als Anpassung, denn sie hat den Richtungssinn auf Entfaltung, Beherrschung und Erhöhung des Menschenwesens in sich. Nicht als gäbe es in der Erkenntnis nur den reinen Fortschritt; der Weg des Geistes ist ein verschlungener, voller Irrwege und Abwege. Wohl aber wohnt die »Tendenz« des Fortschreitens, Eindringens und Überschauens ihr inne.

Was Hegel in seiner »Phänomenologie des Geistes« von der Arbeit überhaupt lehrte, daß sie immer zugleich Arbeit an der Sache und an sich selbst ist und dadurch den Geist zu Beherrschung und Freiheit emporführt, das gilt von der Erkenntnisarbeit auch. Die Erkenntnis selbst lernt zu in ihrer Arbeit, lernt nicht den Gegenstand allein kennen, sondern auch ihre Mittel gebrauchen. Und in gewissen Grenzen muß sie sich die Mittel erst suchen, gewinnen, schaffen.

Freilich, nicht alles Schaffen solcher Art ist sogleich ein kategoriales. Nur wo es sich um wirklich fundamentale Grundlagen handelt, geht es um Kategorien. Der Wandel der Denkformen ist um vieles reicher und beweglicher. In jeder Art des Weltbildes, und nicht nur der philosophischen, steckt eine eigene Denkform, aber diese ist nicht immer grundlegend; die mythischen und religiösen Weltbilder haben ihre deutliche Denkformentypik, und nicht weniger die Mehrzahl der philosophischen Systeme. In ihnen dominieren stets einzelne Kategorien, bleiben aber zumeist als solche verborgen; meist sind es vom Geiste hergenommene und dann auf die ganze »Welt« übertragene Kategorien, wie denn die Mehrzahl der Systeme einen anthropomorphistischen Einschlag haben. Darum halten sie der Kritik nicht stand und brechen beim leisesten Rühren an ihren Voraussetzungen haltlos zusammen.

[163] Und neben die Denkformen kann man die Begriffe setzen. Einst glaubte man, Begriffe seien das Konstanteste in unserem Denken. Man »definierte« sie und meinte in den Definitionen feste Grundpfeiler zu haben. Dieser abstrakten Auffassung des Begriffs hat die formale Logik mit ihrem Schematismus Vorschub geleistet. Daß das Wesen des Begriffs etwas ganz anderes ist als das im indirekten Verhältnis von Umfang und Inhalt Definierte, ist vielleicht erst durch die Hegelsche Verflüssigung der Begriffe wieder zum Vorschein gekommen; aber durchgedrungen ist es auch in unseren Tagen noch nicht. Der Begriff ist im Grunde eine Form der Schau (der Sehweise, Auffassung); die Schau steht freilich im Gegensatz zur sinnlich-naiven Anschauung da, es gibt eben höhere Formen der Schau, und in diesen muß das Schauen jederzeit erst vollzogen werden, denn es fällt dem Menschen nicht in den Schoß. Darum sprach Hegel von der »Anstrengung des Begriffs«, die der Mensch aufbringen muß, um die definierte Form

mit Anschauung zu erfüllen. Ohne sie bleibt die Form leer, bleibt Abstraktion, die sich in »Merkmalen« erschöpft.

Es gibt »tote« Begriffe, von denen nicht viel mehr als der Terminus und eine Nominaldefinition übrig geblieben ist, Begriffe, die wir nicht mehr mit Anschauung erfüllen können. Man kann sie »abgesunkene Begriffe« nennen, denn einmal waren sie mit konkreter Schau und Leben erfüllt; sie sind nur noch ein Ballast der Wissenschaft und oft genug ihr Hemmschuh. Will man sie zum Leben erwecken, so muß man auf ihre geschichtliche Quelle zurückgreifen, die stets in einer ganzen »Theorie« (d.h. einer Gesamtschau) liegt. Solche abgesunkenen Begriffe sind in der Tat starr, unbeweglich, abstrakt, d.h. in Wahrheit sind sie gar keine Begriffe mehr. Der lebendige Begriff ist das genaue Gegenteil davon, er ist das Beweglichste, was wir haben, mit jeder neuen Einsicht werden ihm neue »Merkmale« eingefügt, im Lauf der Zeit wird er um- und umgebildet. Darum gibt es eine Geschichte der Begriffe, sie geht mit der Geschichte der Wissenschaft und der Erkenntnis überhaupt Hand in Hand. Der Wandel aber, in dem solche Geschichte besteht, ist im Grunde ein Wandel der Sehweise. Darum ist Geschichte der Begriffe ein so wesentlicher Bestandteil der Geschichte der Philosophie. Hinter ihr steht noch die Geschichte der Probleme. Aber sie ist mit ihr nicht identisch; denn in den Problemgehalten gibt es die unwandelbar wiederkehrenden Grundfragen, die nur die äußere Form verändern, weil sie nicht vom Menschen gemacht sind, sondern an der Rätselhaftigkeit der Gegenstände haften. Der Begriff dagegen ist Menschenwerk, Form menschlicher Schau. Er kann in sein Gegenteil umschlagen (man denke an den Bedeutungswandel von »subjektiv und objektiv«). An ihm unterliegt alles dem Wandel.

Gerade daran aber wird es klar, daß er als solcher niemals Kategorie und seine Geschichte nicht Geschichte von Kategorien ist. Wohl gibt es auch eine Geschichte der Kategorien menschlichen Begreifens, aber sie schreitet in anderen Zeitmaßen vorwärts; nur langsam und mit den stärksten Widerständen ringend verdrängt eine Kategorie die andere. [164] Eine scharfe Grenze gegen den Wandel der Denkformen und Begriffe läßt sich zwar nirgends ziehen, und es gibt Grenzfälle, bei denen man sehr wohl im Zweifel sein kann, ob es sich bloß um den Begriff oder um die Kategorie selbst handelt. Nehmen doch die Kategorien, wenn sie voll bewußt werden, selbst die Form des Begriffs an, wobei es dann für die Erkenntnistheorie zu einer ernsten Aufgabe wird, den Kategorienbegriff als solchen von der Kategorie zu unterscheiden. Aber gerade die leichtfüßige Wandelbarkeit des Begriffs ist es dann, an die sich das philosophische Bewußtsein halten kann; denn die Kategorie selbst macht diesen Wandel nicht mit.

Unsere Begriffe der Kategorien sind eben Menschenwerk, etwas Nachträgliches, sind Versuche, die Kategorien zu fassen; und die Fassung ist, wie bei allen empirischen Begriffen auch, stets eine inadäquate. Die Kategorien als solche bedürfen ihrer nicht, sie funktionieren im Verstande – d.h. im Begreifen des Gegenstandes – auch ohne begriffliche Fassung. Das aber bedeutet, daß sie in der Regel schon vor aller »Fassung« da sind, sei es in der alltäglichen Gegenstandserkenntnis, sei es in der wissenschaftlichen. Wie denn ihre bewußte Erfassung stets erst vom philosophischen Bewußtsein, und zwar meist in der besonderen Arbeit der Kategorialanalyse, vollzogen wird. Der Philosoph weiß dann sehr wohl darum, daß er sie nicht erdenkt, gibt oder einführt, sondern nur entdeckt. Entdecken kann man nur, was schon vorhanden ist. Ein schönes Beispiel für diesen Prozeß ist die Kategorie des Zweckes, die von alters her in den Weltbildern des mythischen Denkens das Grundelement bildet, aber erst von Aristoteles aufgedeckt und zu begrifflicher Fassung gebracht wurde, um dann jahrhundertelang im Weltverständnis der Philosophie dominant zu bleiben.

Das Wesentliche hierbei liegt in den drei Momenten. 1. Im Gegensatz zu Kant und den älteren Erkenntnistheoretikern überhaupt muß gelten, daß auch die Kategorien des Verstandes einem gewissen Wandel unterliegen. 2. Die Grundform ihres Wandels ist das »Durchdringen« neuer Kategorien (oder kategorialer Momente) ins Bewußtsein. 3. Die einmal durchgedrungenen Kategorien bleiben auch nicht unverändert stehen, sondern wandeln sich weiter, und zwar mit der Tendenz fortschreitender Annäherung an den Gegenstand. Die Tendenz garantiert freilich keineswegs den Fortschritt. In diesem sekundären Prozeß aber spielt der Wechsel der begrifflichen Fassungen und des Begriffswandels selbst die Rolle des geschichtlich greifbaren Phänomens, das sich beschreiben und für die tiefer verborgene

Geschichte des kategorialen Bestandes im menschlichen Begreifen auswerten läßt. Denn immer spiegelt sich der schwerfällige kategoriale Wandel teilweise auch im leichtbeweglichen Wandel der Begriffe. Und das ist möglich, weil die Begriffe nicht abstrakte logische Formen sind, sondern Sehweisen, Arten der Schau und der inhaltlichen Ordnung. Darin sind sie den Erkenntniskategorien innerlich verwandt, und darum können sie deren Fassungen im philosophischen Bewußtsein hergeben.

[165] Daß dieses ganze Verhältnis, wenn es sich als wirklich bestehend nachweisen läßt, ein fundamentales ist, und alle Abstufung in ihm ohne weiteres als eine gleichgewichtige neben die oben dargelegten Abstufungen rückt, braucht nicht besonders bewiesen zu werden. Ob es aber ein wirklich bestehendes ist, darüber kann es nur in der Geschichte der menschlichen Erkenntnis, soweit wir sie übersehen, eine Entscheidung geben. Eine solche kann natürlich keine absolute sein. Denn sie muß aus Beispielen, wie die Geschichte sie liefert, gezogen werden. Das bedeutet, daß man ihre Allgemeinheit nicht erbringen kann. Und auf diese käme es schließlich an. Aber es ist klar, daß die Erkenntnistheorie, wenn sie einmal auf der Spur eines Grundverhältnisses ist, die Tendenz hat, dieses auch in der Form eines Gesetzes zu erfassen. Diese Aufgabe ist zur Zeit nicht erfüllbar. Die geschichtlich-empirische Aufweisung kann nur bis zur »Vermutung« des Gesetzes führen. Mit dieser Einschränkung freilich ist das, was die Beispiele sagen, überaus bedeutungsvoll.

Die Beispiele selbst würden, in ihrem Zusammenhang dargelegt, eine ganze Geschichte der Philosophie und z.T. auch der Wissenschaften ausmachen – freilich eine solche, wie sie bisher im Ganzen noch nicht geschrieben vorliegt. Denn sie erstrecken sich über alle Gegenstandsgebiete und alle Zeitalter. Es kann hier nur eine kleine Auslese derjenigen Kategorien gebracht werden, an denen das Durchdringen ins Bewußtsein oder auch der weitere Wandel an dem bekannten Begriffsmaterial der Philosophie einigermaßen leicht aufweisbar ist. Für die meisten der übrigen würde es besonderer geschichtlicher und systematischer Untersuchung bedürfen. Die ältesten Beispiele haben für uns Heutige die größte Plastik, weil wir die größte Distanz zu ihnen haben; die Mannigfaltigkeit der Denkformen, in denen sie dominant gewesen sind, hat ihr Problem zu einer gewissen Spruchreife gebracht.

1. Man kann hier gleich mit der »Seins«-Kategorie der Vorsokratiker anfangen. Sie ist weit entfernt, eine schlichte Selbstverständlichkeit zu sein. Sie war von Anbeginn im Gegensatz zum Werden verstanden: nur das Beharrende galt als seiend, was dagegen »entsteht und vergeht«, schien ein Gemisch aus Sein und Nichtsein zu sein. Denn im Entstehen sah man den Übergang vom Nichtsein zum Sein, im Vergehen den vom Sein zum Nichtsein. Wie aber sollte man das Nichtseiende denken, da doch vielmehr alles, was wir denken, ein Seiendes ist? So meinte es Parmenides. Und in dieser Prägung ist sein Seinsbegriff bis in die Neuzeit hinein stehen geblieben, obgleich der kategoriale Wandel an ihm bereits

gleichzeitig mit seiner Prägung einsetzt. Denn der im Gegensatz zum Werden geprägte Seinsbegriff wird schon von Heraklit aufgehoben: jetzt ist das Werdende das eigentlich Seiende, und der Werdeprozeß als solcher ist das Sein der Dinge. Das ist kategorialer Wandel. Denn hier setzt eine radikal andere Form, die Welt zu sehen, ein. In heutigen Begriffen könnte man sie so aussprechen: der Prozeß ist die allgemeine Seinsform des Realen, einerlei ob dieses nun Ding, Lebendiges, Mensch oder Gott sei. Gerade am Radikalismus der These ist ihr kategorialer Charakter kenntlich. [166]

2. Parallel zu dem Wandel des Seinsbegriffs läuft der des Werdensbegriffs selbst, und zwar unabhängig von dem Hinauslaufen des ersteren auf ihn. Wenn das Werden im Entstehen und Vergehen besteht, diese beiden aber als Übergänge zwischen Nichtsein und Sein verstanden werden, so wird der Weltprozeß in zahllose kleine Doppelvorgänge aufgeteilt und gleichsam atomisiert: jedes Ding steigt aus dem Nichts auf und verschwindet wieder ins Nichts, es durchläuft die stereotype Kurve hinauf und hinab, hat aber keine Verbindung mit dem Auftauchen und Verschwinden anderer Dinge. Das ändert sich, wenn man begreift, daß die Dinge ja gar nicht in Nichts übergehen, sondern in anderes Seiendes, also auch nicht aus Nichts entstehen, sondern aus anderem. Jetzt fällt die ganze Kategorie des Nichtseins fort, sie scheidet aus dem Weltprozeß aus, alles Vergehen des einen ist zugleich Entstehen des anderen und umgekehrt, oder, wie Heraklit sagt: der Weg hinauf und hinab ist ein und derselbe. Damit ist das Werden als einheitli-

cher, kontinuierlicher Weltprozeß verstanden. Die Kategorie des Werdens ist eine andere geworden.

3. Ähnlich fundamental ist der Wandel im Realitätsbegriff, der anderthalb Jahrhunderte später eingesetzt und erst in unserer Zeit zum Abschluß gekommen ist. Aristoteles sprach es zuerst aus, daß ein vollständiges Sein nur das Concretum (σύνολον) habe, das aus Form und Materie zusammengesetzt ist. Der hierauf fußende Realitätsbegriff gilt in erster Linie für das dingliche Sein. Er schloß also von Anfang an die Zeitlichkeit, das Werden und die Vergänglichkeit ein und beschwor damit das Problem der Individuation herauf. Dem stand die Platonische Überzeugung entgegen, daß die Ideen das eigentlich Seiende sind, die Dinge aber nur Erscheinung. Im Universalienrealismus drang dieser Platonismus durch und führte bis zur Entwertung der dinglichen Welt, während alle »Realität« in die essentia verlegt wurde. Den Gegenschlag brachte der Nominalismus, der das Allgemeine auf ein Bestehen in mente beschränkte und dadurch die Realität der Dinge wiederherstellte. Die so gefaßte Kategorie des Realen setzte sich in der neuzeitlichen Naturwissenschaft durch, blieb aber auf die physische Realität eingeschränkt, schloß also – wenn man sie konsequent anwandte – die seelische und geistige Realität aus. Mit dem Erstarken des geisteswissenschaftlichen Denkens wurde das ein unhaltbarer Standpunkt. Das psychische und das geschichtliche Geschehen zeigt dieselbe Zeitlichkeit und Individualität, ja dieselbe Faktizität. Man mußte also den Realitätsbegriff erweitern. Damit aber wurde er kategorial etwas ganz

anderes. Es gehören nun nicht mehr die Räumlichkeit und Materialität zum Wesen des Realen, sondern nur noch die Zeitlichkeit und Einmaligkeit (Individualität); erst so entspricht die Seinsweise der Realität dem Ganzen der realen Welt, in der unser Leben verläuft. – Dieser kategoriale Wandel zeigt die interessante Kurve, daß er sich zwischen den Extremen hin und her bewegt, bis er zuletzt auf einer mittleren Linie zur Ruhe kommt.

4. Weitere plastische Beispiele sind die Modalkategorien: Möglichkeit und Wirklichkeit. Sie beginnen in der Aristotelischen Metaphysik als [167] »Dynamis und Energeia« und gehen, als potentia und actus, nur wenig verschoben, durch die Systeme des Mittelalters. Ihr Grundschema ist ein teleologisches, denn Dynamis ist nicht reine Möglichkeit, sondern nur Anlage oder Fähigkeit zu etwas, Energeia aber nicht reines Wirklichsein, sondern Verwirklichung von etwas, auf das die Tendenz schon vorbesteht. Hiernach ist jederzeit sehr vieles »möglich«, was nicht verwirklicht wird, und eine Menge freischwebender Möglichkeiten erfüllt neben dem Wirklichen die reale Welt. Welche von ihnen wirklich wird, bleibt völlig unbestimmt. Es fehlt eben in der Dynamis stets eine Reihe von Bedingungen, die hinzukommen müssen, um das Mögliche wirklich werden zu lassen. Mit dem Aufkommen der neuen Physik konnten diese Modalbegriffe sich nicht halten; hier kam es überall auf die vollständige Kette der Bedingungen an. Ist die Kette aber vollständig, so bleibt nur noch eine Möglichkeit übrig, und die Pluralität der Möglichkeiten fällt hin. Dann wird die Verbundenheit beider Realmodi eine

ganz andere: möglich ist jederzeit nur das, was auch wirklich ist. So wenigstens ist es im Reich der Realität. Im Reich des Gedankens (in mente) ist es ganz anders: da ist alles widerspruchsfrei Denkbare möglich; denn hier werden die Bedingungsketten achtlos übersprungen. Und das Resultat ist: am kategorialen Gegensatz der logischen und ontologischen Modi scheidet sich radikal die reale Welt von der des Gedankens. Aber eben dieser kategoriale Gegensatz ist erst in unseren Tagen klar zum Vorschein gekommen.[12]

5. Parallel zum kategorialen Wandel von Möglichkeit und Wirklichkeit läuft der der Notwendigkeit. Er ist von größtem Gewicht, weil von jeher das Determinismusproblem an ihm hängt. Im mythischen Denken steht an der Stelle der Notwendigkeit noch das Schicksal (Verhängnis), das deutlich die teleologische, oft genug gar anthropomorphe Struktur zeigt. Im Aristotelischen Weltbilde fehlt sie; das ist konsequent: wo viele Möglichkeiten zusammenbestehen, ist nichts notwendig. Erst mit dem Einsetzen des Gesetzes-Gedankens ändert sich das, doch ist es auch hier noch nicht eigentliche Realnotwendigkeit, sondern nur Wesensnotwendigkeit, die den Einzelfall nicht durchgehend determiniert. Dagegen kommt mit dem Durchdringen des Kausalitätsprinzips in der Naturwissenschaft das Bewußtsein auf, daß auch der Einzelfall seine Bedingungsketten im Realzusammenhang hat, und daß er, wenn die Bedingun-

---

[12] Vgl. »Möglichkeit und Wirklichkeit« (2. Aufl. 1949), insonderheit Kap. 18-23; zum folgenden auch Kap. 24-32.

gen alle beisammen sind, nicht ausbleiben und nicht anders ausfallen kann, als er tatsächlich ausfällt. Damit ist die Kategorie der Realnotwendigkeit erreicht, und im 17. Jahrhundert nimmt sie bei Leibniz die Form des »Satzes vom Grunde« an. Wohl schwebt die ratio sufficiens [der zureichende Grund] zunächst als vollständiger Erkenntnisgrund vor; aber dieses Zeitalter hat den Blick für ontologische Hintergründe der Erkenntnis noch nicht verloren, und so springt der Gedanke des Grundes auf den Seinszusammenhang [168] der Dinge und Geschehnisse über. – Welche Bedeutung dieser kategoriale Wandel hat, leuchtet ein, wenn man bedenkt, daß erst auf dieser Basis das Freiheitsproblem jener Spruchreife zusteuert, die es in der Kantischen Philosophie gewonnen hat.

6. Bekannter als diese Dinge ist das Durchdringen der Kausalitätskategorie ins Bewußtsein. Sie ist bereits in der Atomistik der Alten enthalten; ja sie reicht im praktischen Denken des Menschen so weit zurück wie das Verständnis der Folgezusammenhänge im Leben; aber sie wird vom teleologischen Denken verdeckt und in der Metaphysik auf lange Zeit zurückgedrängt. Erst spät löst sie sich aus der Aristotelischen Gleichsetzung der causa efficiens [Wirkursache] mit der causa finalis [Zweckursache]. Fast schwerer noch wirkt sich an ihr die scholastische Zusammenspannung der causa immanens [in der Sache bleibende Ursache] mit der causa transiens [auf eine andere Sache übergehende Ursache] aus. Denn in der ersteren steckt das Formprinzip als metaphysischer Bestimmungsgrund, und nur in der letzte-

ren liegt das Kernstück eigentlicher Kausalität, also gerade in dem, was man damals als das Unwesentliche beiseite schob. Der bekannte Durchbruch des kausalen Denkens und die Neugestaltung der Naturwissenschaft beruht also wesentlich darauf, daß die transeunte causa [auf eine andere Sache übergehende Ursache] vom Nebengleise auf das Hauptgleis verschoben wurde. Denn der neue Kausalitätsbegriff wurzelt gerade in der Einsicht, daß die Ursache etwas im neuen Sinne Reales ist, also etwas Zeitliches, Vergängliches, ein bloßes Prozeßstadium; folglich kann sie sich in der Wirkung nicht erhalten, sondern muß in ihr »verschwinden«, oder in anderer Fassung, sie geht, indem sie die Wirkung hervorbringt, in sie über und in ihr zugrunde. Erst damit ist die »dynamische« Kategorie der Kausalität erreicht. Auf ihr beruht das neue Verständnis des Naturprozesses. Es ist auf der fortlaufenden »Kausalreihe« aufgebaut, in der es keine hervorbringenden Mächte gibt, die nicht selbst hervorgebrachte Wirkungen ebensolcher Ursachen wären.

7. Und wiederum in einer gewissen Parallele zum kategorialen Wandel der Kausalität im menschlichen Verstande steht das Aufkommen des Gesetzesprinzips in der Naturwissenschaft. Der große Unterschied ist nur, daß diese Bewegung sich auf rein wissenschaftlichem Gebiete vollzieht; denn ein Analogon zum Naturgesetz gibt es im populären Alltagsbewußtsein nicht, die vagen empirischen Analogien, die dort herrschen, können hier nicht mitzählen. Bedenkt man aber, daß der kategoriale Sinn des »Gesetzes« das Allgemeine in den Naturvor-

gängen ist – die Gleichartigkeit oder das Schema der Abläufe –, so sieht man, daß der Grundgedanke darin doch seine sehr alte Vorläuferschaft hat. Sie steckt im Prinzip der »Form«. Die Aristotelische »Formsubstanz« war bereits ein solches real Allgemeines, nur freilich unmittelbar nicht das des Prozesses, sondern des in ihm entstehenden Gebildes. Sie erhielt sich in den Systemen der Scholastik als forma substantialis in Gleichsetzung mit der causa immanens, und sie versagte erst, als man mit der exakten Erfassung des Prozesses selbst Ernst machte. Von da ab konnte ein statisches Formprinzip nicht mehr zureichen, das gesuchte bewegliche [169] aber fand sich im Gesetzesbegriff und in der mathematischen Formel. – Dieser Wandel ist geschichtlich wohlbekannt, man gibt sich nur meist nicht Rechenschaft darüber, daß es kein bloß begrifflicher, sondern ein kategorialer ist. Und das bestätigt sich wunderbar in unserer Zeit. Denn nun genügt auch der damals gewonnene Gesetzesbegriff (der »klassische« wie man heute sagt) nicht mehr. Der kategoriale Wandel ist einen Schritt weiter fortgeschritten – im Prinzip des »statistischen Gesetzes«, das nicht mehr den Einzelvorgang, sondern nur noch den Durchschnitt einer unübersehbaren Menge von Vorgängen betrifft.

8. Neben die gebrachten Beispiele, die zur Erleuchtung der Sachlage wohl genügen würden, seien zum Vergleich noch einige aus neuester Zeit gestellt, und zwar ohne nähere Ausführung, dafür aber aus heterogenen Gegenstandsgebieten.

So erfuhr die Kategorie der Bewegung durch das Newtonsche Relativitätsprinzip einen grundlegenden Wandel; und in unseren Tagen hat sie durch die Einsteinsche Relativitätstheorie einen zweiten Wandel erfahren.

9. Mit dem Aufkommen des Energiebegriffs setzte zwar nicht eine neue Kategorie ein (wie es zuerst wohl scheinen mochte), wohl aber wandelte sich eine altbekannte, die Substanz, so grundlegend um, daß die ganze Physik damit auf einen neuen Weg geriet. Daß in aller Veränderung etwas sich erhält, ist ein alter Gedanke. Daß aber dieses Etwas sich in dynamischer Form fassen ließ und dadurch eine Mannigfaltigkeit heterogener Phänomene auf einen Nenner brachte, ist die neue Entdeckung.

10. Im Reich des Organischen setzt die Umwälzung mit der Entdeckung ein, daß die »Arten« des Lebendigen nicht konstant sind; es resultiert der kategoriale Gedanke der Deszendenz, und mit ihm der Ausblick auf die natürliche Einheit des gesamten Pflanzen- und Tierreiches.

11. Daneben tritt als eine zweite völlig neue Kategorie das Selektionsprinzip. Wichtig ist an ihm nicht, wieviel oder wiewenig im einzelnen es »erklärt« – darum ist der Streit noch nicht abgeschlossen –, sondern allein die Tatsache, daß es die erste und bisher einzige greifbar gewordene Kategorie ist, die überhaupt eine Antwort auf die Frage der Entstehung organischer Zweckmäßigkeit gibt. Diese Frage wurde von Kant exakt umrissen im Begriff der »Zweckmäßigkeit ohne Zweck«. Aber das ist

nur ein »regulatives Prinzip«. Das dahinterstehende »konstitutive« vermochte Kant nicht aufzuzeigen; d.h. es fehlte die zugehörige Kategorie. Im Selektionsprinzip haben wir das erste, noch in mancher Hinsicht unklare Durchdringen einer solchen ins Bewußtsein. Die weiteren Schritte haben bis heute noch auf sich warten lassen.

12. Das seelische Sein hat am längsten auf seine kategoriale Fassung im menschlichen Begreifen warten müssen. Die Alten hatten noch keinen Bewußtseinsbegriff; was sie »Psyche« nannten, gehörte nur teilweise [1170] dem Bereich der Innenwelt an, zum anderen Teil war es ein Lebensprinzip, Vitalseele. Die Psychologie ist eine junge Wissenschaft. Mit dem traditionellen Begriff der »Vermögen«, wie noch das 18. Jahrhundert ihn hatte, war wenig anzufangen. Erst mit dem Widerspiel von »Akt und Inhalt« treten neue Kategorien in ihren Bereich; beide aber sind erst in der Phänomenologie wirklich ausgewertet worden, haben sich erst langsam gegen die von außen eingedrungenen Kategorien der Naturwissenschaft durchsetzen müssen. Erst am ausgereiften Aktbegriff konnte die Aktanalyse erfolgreich einsetzen. Wichtiger aber noch ist die Überwindung der Vorstellungsweise seelischer »Elemente«; denn in ihr war vorausgesetzt, daß die Elemente (z.B. einzelne »Empfindungen« der Sinne) vorweg gegeben seien. Das hat sich nicht bewahrheitet. Die genauere Analyse zeigte, daß gerade größere Wahrnehmungszusammenhänge bzw. »Ganzheiten« das Primäre sind. Dieser kategoriale Wandel ist zur Zeit noch nicht abgeschlossen. Wir stehen mitten in ihm. Und wie die maßgebenden Katego-

rien aussehen werden, wenn er sich schließt, läßt sich noch nicht voraussehen.

13. Ebenso im Werden begriffen ist ein zweiter kategorialer Wandel, der das Hintergründige des Seelenlebens, das unbewußt Seelische, betrifft. Hier verdanken wir der »Tiefenpsychologie« maßgebende Einsichten. In dem Gedanken einer »Schichtung« des Seelischen, in der die einzelnen Schichten ein relativ selbständiges Bestehen haben, und doch einander mannigfach beeinflussen, ringt sich zusehends eine heute noch undurchsichtige Kategoriengruppe ans Licht, von der vielleicht eine größere Umwälzung zu erwarten ist.[13]

14. Die größte Ausbeute neu einsetzender oder im Durchdringen begriffener Kategorien ließe sich im Gebiete des geistigen Seins geben. Denn hier ist alles wieder gegenständlich faßbar und doch zugleich noch in einem Frühstadium der Erkenntnis. Darum sind die im Bewußtwerden begriffenen Kategorien noch umstritten.

Am personalen Geiste ist oben von solch einer Kategorie die Rede gewesen, es ist die des »transzendenten Aktes«. Die wichtigsten Betätigungen des geistigen Bewußtseins, vom Lieben und Hassen bis zum Wollen, Handeln und Erkennen, zeigen dieselbe Grundform der die Grenzen des Bewußtseins übersteigenden Beziehung zur umgebenden Welt. Andere Beispiele derselben Seinshöhe sind die aus dem ethischen Verhältnis

---

[13] Vgl. Erich Rothacker, Die Schichten der Persönlichkeit, 2. Aufl. 1941.

bekannten Fähigkeiten der Vorsehung und Vorbestimmung, der Zwecktätigkeit und der Entscheidungskraft (Freiheit); sie machen zusammengenommen den Menschen zum aktiven, und damit zugleich zum sittlichen Wesen. Die Philosophie kennt sie alle seit langem, aber ihr kategorialer Charakter ist doch erst spät ins Bewußtsein gedrungen.

15. Noch eine Stufe höher begegnen wir der Kategorie des »objektiven Geistes«. Sie ist erst von Hegel entdeckt, aber zugleich auch von ihm als Substanz verkannt worden. Darum ist sie erst langsam, nach mancherlei [171] Verkennung und vorschneller Ablehnung ins Bewußtsein der Geisteswissenschaften durchgedrungen. Denn rätselhaft blieb nach Abstreifung der Substanzmetaphysik das eigentliche Grundmoment in ihr, die Form der geschichtlichen Erhaltung über den Wechsel der Individuen und der Generationen hinweg. Gerade diese Erhaltung aber macht den objektiven Geist zum Geschichtsträger – und zwar in jenem prägnanten Sinne, in dem das kurzlebige Individuum nicht Träger von Geschichte sein kann. Auf ihm als Grundkategorie beruht das geistige Leben, dessen über Jahrhunderte gehende Entfaltung wir an der Sprache, am Recht, an der Moral, an der politischen Gestaltung des Gemeinwesens, an der Wissenschaft und Religion sehen.

16. An dieser Kategorie wird es überzeugend klar, daß es noch andere Formen der Erhaltung gibt als die der Substanz, Erhaltung ohne Substrat, Erhaltung im Aufruhen auf wechselnden Elementen (Trägern, Individuen) – eine Erhaltung durch inneren Zusammenhalt

(Konsistenz) und durch die stetige Überformung der tragenden Elemente. Erhaltung dieser Art mit geschichtlichem Spielraum für Wandlung mannigfachster Art, ist eine weitere Grundkategorie des Geistes. Aber auch sie ist heute noch im Durchdringen begriffen.

VII

Von den gebrachten Beispielen kategorialen Wandels gehören die ersten fünf den allgemeinen oder Fundamentalkategorien an. Die übrigen sind dem Gegenstandsfelde einzelner Seinsschichten zugeordnet, es sind Fälle spezieller Kategorien. An ihnen läßt sich leicht einsehen, daß sowohl das Durchdringen ins Bewußtsein als auch der nachfolgende Gestaltwandel sich auf alle Gegenstandsgebiete der Erkenntnis erstreckt. Und dabei zeigt sich nun zweierlei.

Erstens gehören die geschichtlich älteren Fälle der Erkenntnis der niedersten Seinsschicht (des Anorganischen), die neueren wenigstens vorwiegend dem Begreifen der höheren Schichten an. Das Durchdringen der Kategorien ins Bewußtsein scheint hiernach »von unten her« zu beginnen und sich erst langsam »nach oben hin« fortzusetzen.

Zweitens aber scheinen die höheren von diesen Kategorien, wenn sie überhaupt einmal durchgedrungen sind, die größere Beweglichkeit zu haben. Das fällt besonders an denen des geistigen Seins auf, deren Schwergreifbarkeit eine so ganz andere ist als die der niederen und der mittleren Schichten.

Beides wird verständlich, wenn man erwägt, daß Kategorien, deren Durchdringen ins Bewußtsein und weiteren Wandel wir verfolgen können, für uns ganz anders dastehen als die unbeweglichen. Alle diese Kategorien werden erst vom wissenschaftlichen Denken entdeckt und zum Teil sogar anfangs hypothetisch eingeführt, um erst allmählich in der Bewährung eine gewisse Stabilität zu gewinnen. Manche von ihnen schwanken noch lange im Wandel der Auffassung hin und her.

[172] Ob es an ihnen auch ein festes Endstadium des Wandels gibt, mag dahingestellt bleiben. Eines aber läßt sich sagen: wenn sie zu einem solchen gelangen, so müssen sie sich damit der Stellung der Anschauungskategorien im Bewußtsein nähern. Denn diese sind es, die sich nicht mehr wandeln, weil sie ohne spontane »Anwendung« und gleichsam automatisch funktionieren, während die Kategorien des Begreifens auf eine gewisse Freiheit des Bewußtseins gestellt sind, sich ihrer zu bedienen oder nicht. Denkbar wäre es, daß zuletzt alle Kategorien zu Anschauungsformen werden. Das zu entscheiden ist im heutigen Problemstadium noch nicht möglich. Wohl aber läßt sich sagen, daß an den Kategorien des Begreifens mit dem fortschreitenden Durchdringen ins Bewußtsein die spontane Anwendung mehr zurücktritt, während die Weise der Schau immer reiner hervortritt. Die Erkenntnis lernt mit den selbstgeschaffenen Instrumenten arbeiten, solange bis diese ihr zu unwillkürlich funktionierenden Organen werden.

Dieser Umbildungsprozeß von der Anwendung zur Sehweise – welches auch sein Endstadium sein mag – setzt nun offenbar am frühesten in der einfachen Dingerkenntnis ein und ist dort heute am weitesten vorgeschritten, während er an den höheren Gegenstandsgebieten noch mehr im Rückstande ist. Und da andererseits seine Spätstadien sich der Anschauungsform nähern, diese aber relativ stabil geworden ist, so müssen die dem Gegenstande nach höchsten Kategorien der Erkenntnis die beweglichsten sein.

Man kann das auch so ausdrücken: im Erkennen des Anorganischen sind heute die wichtigsten Kategorien bereits vorhanden und relativ fest geworden; im Bewußtsein des Organischen und des Seelischen fehlen uns bislang noch die meisten; im Wissen um den Geist dagegen ist die Wissenschaft gerade dabei, sie sich zu erobern. Darum ist der kategoriale Wandel hier am greifbarsten.

Man kann sich nun auch diesen Stufengang als Kurve gezeichnet denken, die sich durch die Gegenstandsschichten der Erkenntnis hinzieht. Ihr Gang ist zwar nicht ganz sicher feststellbar, weil in den mittleren Schichten zu wenig Fälle erfaßbarer Kategorien vorliegen. Im Ganzen aber dürfte sie im unteren Teile der Kurve der Gegebenheit und der kategorialen Identität gleichen, während sie im oberen von ihr abweicht. Konkret gesprochen: sie beginnt am unteren Ende mit der größten Stabilität der Erkenntniskategorien, kehrt aber am oberen nicht wieder zu ihr zurück, sondern verliert sich umgekehrt in die größte Beweglichkeit. Die Erwartung eines analogen Ganzen also bestätigt sich nicht. Man darf daraus wohl schließen, daß Stabilität von Erkenntniskategorien mit kategorialer Identität und Apriorismus der Gegenstandserkenntnis nichts zu tun hat. Das würde dem anderen Satze der Erkenntnistheorie, daß Apriorität und kategoriale Identität auch mit der Erkennbarkeit der Kategorien nichts zu tun hat, aufs Beste entsprechen. Aber eine innere Beziehung dieser beiden Indifferenzverhältnisse läßt sich nicht konstatieren.

[173] Was dagegen klar in die Augen springt, ist die weitgehende Auflösung des »festen« a priori überhaupt. Denn das eben besagen die Beispiele, daß jene Kategorien, auf denen der Apriorismus beruhen sollte, wenigstens zum Teil durchaus nicht unwandelbar feststehen, wenn auch der Grund ihrer Beweglichkeit ein sehr verschiedener ist. Dieses Resultat ist immerhin ein wichtiges; vermutungsweise ausgesprochen ist es wohl schon öfters, aber der geschichtliche Nachweis dafür wurde noch nicht erbracht – begreiflicher Weise, weil es in allen philosophischen Lagern an Kategorialanalyse fehlt. Hier muß mit einer großen Tradition, insonderheit der Kantischen, gebrochen werden. Es ist damit ähnlich wie einst mit dem traditionellen Dogma von den festen Artformen des Organischen: ein ganzer Himmel geheiligter Überzeugungen stürzte ein mit der Einsicht, daß die Arten veränderlich sind. Ein vielstöckiges Bauwerk der Erkenntnistheorie bricht ein mit der Wandelbarkeit des Apriori. Man hielt das Apriori, weil es das Überempirische in der Erkenntnis ist, auch für überzeitlich. Seine Veränderlichkeit schien seinen Sinn aufzuheben.

Eben das aber war das Vorurteil. Was in der Erkenntnis unabhängig von der Wahrnehmung einsichtig ist, braucht deswegen noch lange nicht unumstößlich zu sein. Was den Anspruch auf Allgemeinheit und Notwendigkeit erhebt, braucht deswegen noch nicht einmal »objektive Gültigkeit« zu haben. Darum gerade bedurfte es noch zu Kants Zeiten einer Kritik der reinen (d.h. der apriorischen) Vernunft, weil es so viel apriorische Behauptung in der Metaphysik gab, die sich als unhaltbar erwies. Man befindet sich also auch mit den eigentlichen Intentionen Kants im Einklang, wenn man die Auflösung des »festen« Apriori anerkennt und in den aporetischen Befund des erweiterten Erkenntnisproblems mit hineinnimmt.

Die Sachlage stellt sich dann so dar: der Wandel der Erkenntniskategorien gliedert sich in den allgemeinen Prozeß der Anpassung des Menschen an die umgebende Welt. Er steht im Hintergrunde aller geschichtlichen Fortbewegung der Erkenntnis, alles Wandels der Denkformen und Begriffe und bildet vielleicht das Kernstück darin. Aber der Erkenntnisprozeß im Großen ist ein Bestandteil des größeren Prozesses geistigen Lebens in der Geschichte, und dieser ist wesentlich durch die fortlaufende Orientierung des Menschen in der Welt bestimmt. Er gehört also der allgemeinen Anpassungstendenz an und kann aus ihr nur in der Abstraktion herausgelöst werden. Solche Abstraktion hat freilich in der Erkenntnistheorie lange genug geherrscht. Erst der Umschwung in der Anthropologie unserer Tage ist im Begriff, ihr ein Ende zu machen.

Ist das nun Biologismus? Ist es, wie heute gewiß noch viele meinen, die Preisgabe des alten und eigentlichen Erkenntnisproblems?

Man kann sich leicht davon überzeugen, daß es weit eher eine Vertiefung und geradezu die Wiedergeburt des Erkenntnisproblems ist. Das 19. Jahrhundert hatte das Problem isoliert, es immer mehr auf das [174] tote Gleis der »Logik« und zuletzt gar auf das einer bloßen Methodologie verschoben. Erkenntnis wurde dem »Urteil« gleichgesetzt, vom Transzendenzverhältnis blieb kaum der Name bestehen, Wahrheit bedeutete nur noch die innere Übereinstimmung der Begriffe, Wissenschaft ihr System. Ihr Zusammenhang mit dem Leben und der Geschichte wurde vergessen. Im Lichte der Ontologie tritt dieser Zusammenhang wieder in seine Rechte. Mit ihm aber gliedert sich die Erkenntnis dem Kreis der menschlichen Existenz wieder ein, und zwar sowohl der persönlichen als auch der geschichtlich-gemeinsamen. »Anpassung« ist hierbei freilich nur ein übernommener Ausdruck, aber es besteht kein Grund, ihn eng biologisch zu verstehen. Denn die Anpassung des Menschen setzt sich im geschichtlichen Geistesleben fort, und was im Tierreich unter dem Druck harter Selektion beginnt, geht auf der Höhe des Geistes aktiv und im Lichte des zur Entfaltung gelangten Bewußtseins zweckmäßig weiter. Aber seine Form und seine Gesetze sind hier andere, und die Aufgabe, der es dient, erschöpft sich nicht in der Erhaltung, sondern dringt selbst als Sinnkategorie der Höherbildung ins Bewußtsein durch.

Vor allem eines: die Auflösung des »festen Apriori« ist nicht Auflösung des Apriori überhaupt. Das letztere ist ganz gleichgültig dagegen, ob es ewig besteht oder nicht. Daß man es für zeitlos gehalten hat, lag an der irrigen Vorstellung, die man von seiner Seinsweise und seiner unmittelbaren inneren Gegebenheit hatte. Man schrieb ihm ein ideales Sein zu und orientierte sich dafür an mathematischen Sätzen. Die Husserlsche Phänomenologie der Wesenheiten hat dem noch weiteren Vorschub geleistet; sie berief sich für die Überzeitlichkeit des »vor die Klammer Gehobenen« auf das Evidenzphänomen. Gerade dieses aber ist fraglich geworden, nicht zwar in seiner Tatsächlichkeit, wohl aber in seiner objektiven Gültigkeit. Auch die intuitive Erkenntnis ist dem Irrtum ausgesetzt, und auch sie bedarf der Bestätigungen. Denn auch sie unterliegt dem kategorialen Wandel.

Es genügt dem recht verstandenen Problem des Apriorismus völlig, wenn man an die Stelle des zeitlosen Bestehens ein langfristiges setzt. Ein solches schließt nicht aus, daß manche Erkenntniskategorien mit der Zeit auch wirklich »fest« werden. Die Anschauungsformen sind dafür lehrreiche Beispiele; nur die Verstandeskategorien haben einen feststellbaren Wandel, und wahrscheinlich unterliegt auch dieser einer fortschreitenden Verfestigung. Erkenntnis a priori bedeutet ja nicht, daß die Kategorie selbst a priori erkannt werde, sondern nur daß durch sie als Sehweise etwas Grundsätzliches (nur vom prius aus Faßbares) am Gegenstande erkannt wird. Wenn also sie sich wandelt oder einer anderen, neu ins

Bewußtsein durchdringenden Kategorie weicht, so bedeutet das nur, daß hinfort andere Seiten am Gegenstande a priori (d.h. vom Prinzipiellen her) erfaßbar werden. Solches neu einsetzende Erfaßbarwerden aber ist die Grundlage und Wurzel alles Erkenntnisfortschrittes. So wenigstens wenn dieser ein wesentlicher ist und in etwas mehr als dem bloßen Bekanntwerden neuer Tatsachen besteht.

[175] Die Anpassung, um die es hier geht, ist deswegen keine biologische, weil sie vielmehr eine kategoriale ist und diese sich im geschichtlichen Prozeß des Geisteslebens abspielt. Man muß also ihren Prozeß zwei Stufen höher im Schichtenbau der Welt suchen. Und dort bewegt er sich in weitgehender Freiheit von den Anpassungsvorgängen des Organischen; wie er denn auch inhaltlich keine Ähnlichkeit mit dem phylogenetischen Werdegang organischer Formen und Funktionen hat. Das Wissensgebiet, auf dem ein Prozeß seiner Art greifbar wird, ist die Anthropologie; und auch sie natürlich nur, sofern sie nicht im Biologischen stecken bleibt, sondern das geistig-kulturelle Leben des Menschen in ihren Phänomenbereich einbezieht.

Anpassung in diesem erweiterten Sinne gehört zu den urwüchsigen Eigentümlichkeiten der Erkenntnis. Etwas vom Wissen um sie steckt denn auch schon in dem alten Adäquationsbegriff, wie die traditionelle Definition der »Wahrheit« ihn als adaequatio intellectus et rei ausspricht. Bezieht man das auf die apriorische Erkenntnis, so betrifft es unmittelbar die kategoriale Identität. Denn hier kommt es darauf an, ob und wiewelt die

Kategorien des Gegenstandes im Intellekt vertreten sind. Als »kategoriale Adäquation« verstanden, bedeutet also das Auftreten neuer Kategorien im Bewußtsein, resp. ihre Umwandlung mit der Tendenz zur adäquaten Erkenntnis, nichts anderes als die Erweiterung oder den Fortschritt unserer Fähigkeit apriorischen Erfassens. Oder, ontologisch gesprochen, es bedeutet das Fortschreiten der kategorialen Identität selbst, indem der bewegliche Apparat der Erkenntniskategorien sich inhaltlich dem Bestande der Seinskategorien anpaßt.

Daß hierbei der »Fortschritt« cum grano salis zu verstehen ist, muß freilich immer hinzugefügt werden. Es liegt im Wesen aller Bewegung des Geistes, daß sie auch rückschrittlich sein kann. Und auch dafür gibt es wohl geschichtliche Belege. Aber das ändert nichts an der Beweglichkeit selbst, ja vielleicht auch nicht einmal an der Grundtendenz des Fortschritts. Die Tendenz ist einfach die allgemeine des Geistes überhaupt. Daß sie das Gelingen nicht garantiert, darf als selbstverständlich gelten. –

Für den Erkenntnistheoretiker alter Schule gibt es hier vieles, worüber er umlernen muß. Etwas von der idealistischen Überzeugung, der Geist sei ewig, ein überzeitliches Reich ideenhaften Seins, hat sich bis nahe an unser Jahrhundert in den Systemen der Philosophie erhalten. Es ist, als hätte der Mythos von der Geburt der Athene aus dem Haupte des Zeus – als fertige vollendete Gestalt – seine Kreise in der Geschichte der Weltanschauungen gezogen. So dachte Platon sich das Versenktsein der Ideen in der Tiefe der Seele, so meinte es Aristoteles mit dem bekannten Satz, der Geist »träte zur

Tür herein«, so glaubte es das Mittelalter vom intellectus divinus und seiner »Einstrahlung« in den menschlichen Intellekt; und so hat es im Grunde noch Hegel gemeint, indem er die Welt als Selbstentfaltung des Geistes verstand und ihre [176] Vollendung im »Fürsichsein« des Geistes erblickte. Wie sehr er auch den Geschichtsprozeß in die Selbstentfaltung einbezog, es sollte doch in den Kategorien des Absoluten schon alles angelegt sein, und darum allein kehren die dialektischen Stufen des Systems im Gange des Geistes durch die Jahrhunderte als seine Phasen wieder.

Sogar die Neuidealisten sind diesem Schema gefolgt. Darum verschlossen sie sich der Einsicht, daß Erkenntnis ein Seinsverhältnis, ihr Akt ein transzendenter, ihr Fortschreiten ein kategoriales ist; darum verstanden sie Erkenntnis als Urteil, das Urteil aber als reines zeitloses »Sinngebilde«, das nichts von Vollzug und Werden in sich habe. Sogar das fieri der Erkenntnis (Natorp)[14], dessen Geschichtlichkeit sie deutlich sahen, meinten sie doch im Grunde als zeitlosen Prozeß, und das Problem seiner geschichtlichen Realität lag ihnen himmelfern.

Auf dem Boden der Ontologie sieht alles ganz anders aus. Gerade die Realität des geschichtlichen Prozesses

---

[14] [Zur Erläuterung des »fieri« schreibt Paul Natorp: »Der Fortgang, die Methode ist alles; im lateinischen Wort: der Prozess. Also darf das »Faktum« der Wissenschaft nur als »Fieri« verstanden werden [...]. Das Fieri allein ist das Faktum: alles Sein, das die Wissenschaft »festzustellen« sucht, muß sich in den Strom des Werden wieder lösen. Von diesem Werden aber, zuletzt nur von ihm, darf gesagt werden: ›es ist‹« (Die logische Grundlagen der exakten Wissenschaften, Leipzig 1910, 21).]

ist das Grundphänomen. Der Geist selbst, um dessen Geschichte es geht, ist realer Geist. Seine Entfaltung ist fortschreitende Anpassung, Beherrschung, Besitzergreifung der Welt, die Erkenntnis zunehmende Orientierung in der Welt. Erkenntnis hat kein ideales Sein, ist kein Sinngebilde, auch kein bloßes System des Sinnes, wie das der Urteile, sondern fortschreitende Arbeit an den Rätselfragen des Seienden, Bewältigung von Aufgaben und zum Teil von sehr aktuellen. Das Transzendenzverhältnis in ihr schreitet selbst fort, ist in ständiger Ausweitung über die umgebende Welt begriffen. Und mit ihm schreitet die Adäquation im Kategorienverhältnis fort.

Der erkenntnistheoretische Glaube an die Unwandelbarkeit der Kategorien ist das letzte Residuum des alten Dogmas vom eleatischen Stillstande des Geistes. Er fällt, im Lichte der Ontologie gesehen, in sich zusammen. Wie die Transzendenz Geschichte hat, so auch die kategoriale Identität. Das fügt sich organisch dem neuen Bilde vom Geiste ein. Denn der Geist, den allein wir kennen, ist gewordener, realer, geschichtlicher Geist. Sein Werden aber geht weiter. Es war der Irrtum der alten Theorien, daß geistiges Sein kein Werden habe. Der Geist ist vielmehr selbst geworden, und zwar erst spät im Gesamtprozeß des Weltgeschehens. Wir stehen noch mitten in seinem Werden und sehen das Ende nicht ab. Dieses Werden ist die Geschichte des Geistes. Und eines der vielen Geleise, auf denen es abrollt, ist die Geschichte der Erkenntnis.

Im Hinblick auf die Schichtenmannigfaltigkeit des Gegenstandes geht der Adäquationsprozeß von den niedersten und einfachsten Gebieten aus. Hier hat die Erkenntnis es am leichtesten, und hier kommt es zuerst zu einem gewissen Bestande der kategorialen Identität. Der Prozeß springt dann auf das höchste Gegenstandsgebiet, das geistige Sein über. Er folgt darin dem Gesetz der Aktualität. Und hier stehen wir nun in der Phase der größten Beweglichkeit der Kategorien des [177] Begreifens. Die mittleren Seinsschichten folgen erst in beträchtlichem Abstande nach. Dafür sind die anthropologischen Gründe oben erörtert worden.

Was dagegen den Charakter des Sinngebildes in der Erkenntnis anlangt, so wird dieser vom Wandel und vom Werden überhaupt nicht berührt. Er haftet dem Inhalt an, auch gerade dem jeweiligen, und bildet an ihm die Begleiterscheinung, gewissermaßen die andere Seite, greifbar am Urteil, am Begriff, an der Theorie, ja schon am Wort. Von ihm gilt die Lehre Bolzanos vom »Satz an sich« und von der »Wahrheit an sich«. Denn jeder Inhalt läßt sich ohne Widerstand in die Idealität erheben, in die Zeitlosigkeit und in die logische Sphäre. Mit solcher Erhebung aber reißt man ihn aus dem Realzusammenhang des geschichtlichen Erkenntnisprozesses heraus, aus der Bewegung des Begriffes und aus dem Werdegange des Geistes, dessen Inhalt er ist.

Darüber hinaus gibt es freilich noch ein anderes Sinnphänomen an der Erkenntnis. Es betrifft den Sinn des Erkennens selbst, einschließlich seines Prozeßcharakters. Denn einen solchen gibt es, er ist nur kein erkenntnistheoretisches und auch kein ontologisches Problem mehr. Sein Problem ist ein axiologisches, er wurzelt im Reich der Werte, die keine realen Mächte mehr sind und bloß ein ideales Sein haben. In diesem anderen Sinne von »Sinn« ist in der Tat die Erkenntnis, schon rein als solche, ein sinngebender Prozeß, und zugleich ein sinnentdeckender und sinnerfüllender. Das kommt am stärksten dort zum Vorschein, wo sie sich auf das geistige Sein und seine Entfaltung in der Welt richtet. Denn Erkenntnis ist Teilhabe am Seienden, ist das Fürunssein dessen, was sonst nur an sich ist. Und in ihrer Wendung auf das geistige Sein ist sie dessen bewußte Teilhabe an sich selbst, sein Fürsichsein.

Aber die höchsten Formen dieser Teilhabe sind nicht solche der Erkenntnis, sondern die der Künste. Erst in ihnen wird das geistige Leben sich selbst in der Konkretheit – und das besagt, in der Rückkehr zur sinnlichen Gegebenheit und zur Erlebbarkeit – greifbar.

Das sind hochwertige Spitzenphänomene des Geistes. Getragen sind sie von weit elementareren Funktionen, von denen wir in den transzendenten Akten einige kennengelernt haben. Unter diesen steht auch die Erkenntnis da, und nicht als die erste. Aber weil auch sie auf einer gewissen Höhe ihrer Entfaltung die Form des Wissens um sich selbst annimmt, ist es verständlich, daß die vom Sinnphänomen ausgehende Erkenntnistheorie ihr Wesen am besten vom Selbstbewußtsein aus fassen zu können meint.

So haben es die Denker des Deutschen Idealismus, Fichte an der Spitze, durchzuführen gesucht. Und auch heute noch finden sich vereinzelt Vertreter dieser Tendenz. Ihr Ziel ist rein und unanfechtbar, aber ihr Weg ist der unrechte: sie können vom Spitzenphänomen aus den reich gegliederten und von unten her gestuften Aufbau der Erkenntnis nicht fassen, die allgemeineren Grundphänomene fehlen, und [178] alle Rekonstruktion von oben her gibt ein schiefes Bild. Die Einzigartigkeit der höchsten Stufe wird zu Unrecht auf die niederen übertragen. Und der Zusammenhang mit den tragenden Seinsschichten geht vollends verloren.

Man erinnere sich hier, wie das natürliche Grundverhältnis im Erkenntnisakt die Form der intentio recta hat, wie überall wo diese Form vorherrscht, das Eindringen in den Gegenstand begünstigt, wo sie dagegen der intentio obliqua weicht, erschwert und behindert wird – bis zum »Sich selbst im Wege stehen«. Die reflexio selbst ist das Hemmnis. Sie führt freilich auch gerade zum höheren Begreifen, und das heißt hier: zum Begreifen des höheren Gebildes (des Geistes selbst); aber natürlich nur soweit sie gelingt. Ihr Gelingen aber ist vom Mißlingen weit schwerer zu unterscheiden als auf anderen Gebieten Erkenntnis von Irrtum, weil hier auch die relativen Kriterien versagen. So kommt es, daß beim Ausgehen ganzer Theorien vom Selbstbewußtsein sich leicht ein erster Fehler (πρῶτον ψεῦδος) einschleicht, der sich in den folgenden Deduktionen nicht mehr verbessern läßt, sondern mit der Breite der Folgerungen wächst und zuletzt alles verfälscht.

Man kann das auch noch anders ansehen. Es war oben vom Sichwehren und Sichentziehen des Erkenntnisgegenstandes in den höheren Seinsschichten die Rede. Im Selbstbewußtsein liegt der extreme Fall vor: hier ist die natürliche gnoseologische Indifferenz am meisten gestört, der Gegenstand wehrt die Erkenntnis am stärksten ab, weil er selbst das erkennende Subjekt ist und sich durch die eigene Intention alteriert. Hierzu kommt aber noch ein ganzer Stufengang in der Art der Reflexion. Die leichteste dürfte noch die logische sein, weil hier die inverse Intention nur bis auf den Begriff und das Urteil geht, die beide noch der Form nach objektive Prägung haben. Schwerer ist schon die psychologische Einstellung der Sehrichtung, sofern hier nicht der Inhalt allein, sondern der Akt selbst zum Objekt gemacht wird; denn er ist es, der von der Reflexion beeinträchtigt wird. Anders wieder ist es im ethischen Selbstbewußtsein, der sog. Selbsterkenntis, hier setzt ein aktiver Widerstand des Selbst ein, weil es um Bloßstellung und Bewertung seiner aktiven Intentionen geht. Und wieder ganz anders steht es in der erkenntnistheoretischen Reflexion. In jenen drei ersten Typen der Rückbiegung richtet sich das Erkennen immer noch auf etwas anderes am Geiste als das Erkennen, hier aber richtet es sich auf sich, das Erkennen selbst. Die Identität von Subjekt und Objekt ist also in dieser Form der intentio obliqua in extremer Zuspitzung gefordert. Es ist wohlverständlich, daß diese Art der Reflexion die am schwersten vollziehbare ist.

Die idealistischen Erkenntnistheoretiker hätten bei einigem Verständnis der Sachlage streng darauf halten müssen, dieser Anforderung, die im Wesen ihres Problems liegt, zu genügen: sie hätten die gnoseologische Reflexion wirklich zustandezubringen suchen müssen. Sie wären dann sehr bald auf die Grenzen ihrer Vollziehbarkeit gestoßen. [179] Statt dessen haben sie alle mehr oder weniger die um vieles einfachere logische Reflexion vorgezogen und gleichsam untergeschoben, natürlich ohne zu wissen, was sie taten. Diese Reflexion bot sich ja geradezu an, und die traditionelle Verwechselung von Logik und Erkenntnistheorie, die sich durch die ganze Neuzeit hinzieht, lieferte dazu sogar einen gewissen Schein des Rechts.

Das ist der Irrweg, auf dem man zu jenen begrifflichen Mißgeburten kam, wie dem »logischen Subjekt« oder »erkenntnistheoretischen Subjekt« der Neukantianer. Auch das »transzendentale Subjekt« Kants zählt bereits halbwegs hierher, wennschon die Reflexion, die dahinter stand, eine der gnoseologischen viel nähere war. Hätte man an der logischen Einstellung streng festgehalten, so hätte man überhaupt zu keinem »Subjekt« kommen können: Urteil und Begriff, in logischer Dimension gesehen, haben gar kein Subjekt, ja die ganze logische Sphäre hat kein Subjekt, sie ist eine durchaus objektive Sphäre. Vollzüge und Akte gibt es in ihr nicht, nur diese allein aber enthalten den subjektiven Pol. Man übertrug also diesen aus der psychologischen Sphäre auf die logische und konstruierte auf diese Weise ein logisches Subjekt. Und so erst konnte der Schein entstehen, als stieße man in konsequenter Analyse auf ein Selbstbewußtsein von erhöhter Gewißheit, von dem man nun alles weitere ableiten dürfte.

Ein wirklich kritisches Verfahren hätte den Schein mühelos aufzudecken vermocht. Von Kritik aber war dieser überhebliche Kritizismus weit entfernt. Es hätte dazu vor allem der Rückkehr zur intentio recta und zur natürlichen Einstellung überhaupt bedurft. Man hätte damit erst das ursprüngliche Wesen der Erkenntnis selbst wiederentdeckt. Dazu aber hätte man auf die unreflektierte ontologische Intention mit ihrem Transzendenzcharakter zurückgreifen müssen. Diese ist die natürliche Ausrichtung der Erkenntnis; an ihr, und nicht am Selbstbewußtsein, wäre das Grundphänomen zu greifen gewesen. Und erst von da aus hätte die »erkenntnistheoretische Reflexion« sich auf ihr eigenes Wesen besinnen können.

Dieser weite Umweg läßt sich nicht abkürzen und nicht umkehren. Die Erkenntnis, wenn man ihre Funktionen begreifen will, läßt sich nur von unten auf verfolgen, in derselben Weise, wie sie selbst der ontologischen Schichtenfolge des Seienden nachgeht, in die sie ihrem Sein nach eingebaut und von der sie getragen ist. Sie kann ihrer ganzen Stellung in der Welt nach nicht als erstes, sondern nur als spätes Glied im Gesamtbau dessen verstanden werden, was den Inbegriff ihrer möglichen Gegenstände ausmacht. Darum kann sie auch sich selbst erst ganz zuletzt und nur in Abhängigkeit von allen anderen Erkenntnisgebieten zu ihrem Gegenstande machen. Erkenntnis-»Theorie« kann nicht philosophia prima sein.

Erst im Lichte der Ontologie zeigt sich die wahre Stellung ihres Gegenstandes, d.h. der Erkenntnis selbst, in der Welt. Denn wir finden uns als geistige Wesen mitten in der Welt stehend, und auf diesem Befunde [180] fußt alle Seinserkenntnis. Diese unsere Stellung zu erfassen, ist bereits eine Leistung der Erkenntnis. Mit ihr aber stehen wir bereits in jenem Prozeß der Erkenntnis, dessen Anfang und Ende wir nicht kennen. Und ganz zuletzt erst lernen wir das Wunder ermessen, das sein Wesen ausmacht. Dieses späte Lernen ist es, was sich in der erkenntnistheoretischen Reflexion vollzieht.

ANHANG
Nicolai Hartmann – Leben und Werk
(Zeittafel)

1882	Nicolai Hartmann wird am 7. Februar im seinerzeit russischen Riga (Lettland) als Sohn des Ingenieurs Carl A. Hartmann (1849-1890) und dessen Ehefrau Helene, geb. Hackmann (1854-1939) geboren
1897–1901	Besuch des Gymnasiums der deutschen Katharinenschule in St. Petersburg
1901	Abitur, anschließend Hauslehrer in Litauen
1902–1903	Studium der Medizin in Dorpat (Estland)
1903–1905	Studium der klassischen Philologie und Philosophie in St. Petersburg
1905	Fortsetzung des Studiums in Marburg bei den Neukantianern Hermann Cohen und Paul Natorp. Beginn der Freundschaft mit Heinz Heimsoeth (1886-1975)
1907	31. Juli: Promotion mit einer Arbeit *Über das Seinsproblem in der griechischen Philosophie vor Plato* (Dissertation, Marburg 1908)
1909	*Platos Logik des Seins* sowie die Habilitationsschrift *Des Proklus Diadochus philosophische Anfangsgründe der Mathematik*
1910–1918	Stipendium
1911	Heirat mit Alice Stepanitz
1912	Geburt der Tochter Dagmar
1914–1918	Kriegsdienst als Dolmetscher, Briefzensor und Nachrichtenoffizier

1919	Privatdozent an der Universität Marburg. Bekanntschaft mit Martin Heidegger
1920	Ernennung zum außerordentlichen Professor an der Universität Marburg
1921	*Grundzüge einer Metaphysik der Erkenntnis*
1922–1925	Ordentlicher Professor an der Universität Marburg (als Nachfolger auf dem Lehrstuhl von Paul Natorp)
1923	*Die Philosophie des deutschen Idealismus. I: Fichte, Schelling und die Romantik*
1925–1931	Ordentlicher Professor an der Universität Köln. Kontakt mit Max Scheler
1926	*Ethik*
1929	Heirat mit Frida Rosenfeld (1902-1988). *Die Philosophie der deutschen Idealismus. II: Hegel*
1930	Geburt des Sohnes Olaf
1931–1945	Professor für Theoretische Philosophie in Berlin. Entstehung der ontologischen Hauptwerke
1932	Geburt der Tochter Lise
1933	*Das Problem des geistigen Seins*
1935	*Zur Grundlegung der Ontologie*
1938	*Möglichkeit und Wirklichkeit*
1940	*Der Aufbau der realen Welt*
1942	*Neue Wege der Ontologie*
1945-1950	Ordentlicher Professor an der Georg-August-Universität in Göttingen
1949	*Einführung in die Philosophie* (Nachschrift einer Vorlesung im Sommersemester 1949 an der Universität Göttingen)
1950	Hartmann stirbt am 9. Oktober an den Folgen eines Schlaganfalls. *Philosophie der Natur*
1951	*Teleologisches Denken*
1953	*Ästhetik*

Reihe »Intentio Recta«

Band 1
Nicolai Hartmann: Neue Wege der Ontologie, hg. von Thomas Rolf (Verlag: BoD - Books on Demand, 2024, 166 Seiten, 15 Euro, ISBN: 9-783-7597-1205-9)

Band 2
Nicolai Hartmann: Einführung in die Philosophie, hg. von Thomas Rolf (Verlag: BoD - Books on Demand, 2024, 277 Seiten, 20 Euro, ISBN: 978-3-759-76728-8)

Band 3
Nicolai Hartmann: Die Erkenntnis im Lichte der Ontologie, hg. von Thomas Rolf (Verlag: BoD - Books on Demand, 2024, 130 Seiten, 15 Euro, ISBN: 978-3-759-77866-6)

[Weitere Bände in Vorbereitung]

Informationen zum Herausgeber:
www.thomas-rolf.de

Milton Keynes UK
Ingram Content Group UK Ltd.
UKHW040115021124
450424UK00005BC/744